단기임대로
월급 두 배 만들기

단기임대로 월급 두 배 만들기

최준회 지음

나비의 활주로

부업만으로는 퇴사 후의 삶을 만들 수 없지만, 공간임대사업은 조기 은퇴를 가능하게 한다

부업을 원하는 직장인들이 갈수록 늘어나고 있다. 2025년 통계청의 조사에 따르면 약 65만 명의 대한민국 직장인이 부업을 하고 있는 것으로 나타났다. 무엇보다 10년 전인 2015년에 47만 명이었던 것에 비하면 크게 늘어난 수치다. 1인 가구의 경우에는 전체의 약 55%가 부업을 한다는 한 은행의 통계 자료도 있다. 물론 여기에서 '부업'이란 실제 몸으로 뛰는 것을 말한다. 직장에 출근하기 전이나 퇴근 후에 빠듯한 시간을 쪼개서 일하거나 주말에 몰아서 부업을 하는 경우도 많다.

문제는 이렇게 부업을 해서 버는 돈의 액수다. 통계에 따르면 한 달에 평균 60만 원을 약간 넘어서는 수준이다. 물론 60만 원도 많다면 많다고 할 수 있는 돈이다. 하지만 직장인들의 운명은 결국 은퇴에 있다는 점을 염두에 둔다면, 이 정도의 돈으로 노후를 대비한다는 것은 거의 불가능하다고 해도 과언이 아니다. 한 푼도 쓰지 않고 모아 봐야 1년이면 700만 원 수준에 불과하다. 게다가 결국 부업으로 버는 돈은 당장 생활에

도움이 되기 위한 것이기 때문에, 이걸 한 푼도 쓰지 않고 모으는 일도 쉽지 않다.

결국 많은 직장인이 부업을 원하지만, 문제는 그것만으로는 '퇴사 후의 삶'을 보장받지는 못한다는 점이다. 이런 문제점 때문에 좀 더 규모가 큰 부동산이나 주식, 코인 등을 통한 본격적인 투자를 하는 직장인도 꽤 많지만, 문제는 리스크가 워낙 크기 때문에 자칫 1년 치 연봉을 날려버리는 경우도 흔하다.

나의 N잡러 역사,
음식점, 부동산, 스마트 스토어…

사실 나는 직장생활을 할 때 누구보다 부업에 열심이었다. 대학을 졸

업한 후에 안정적인 직장에 들어가고 싶다는 바람으로 20대 후반의 나이인 2017년에 IBK기업은행에 입사했다. 물론 그때도 은행원이 과거처럼 평생직장은 아니었지만, 그래도 불안한 경제 상황에 비추어 보면 안전장치가 많은 직업이라고 생각했다. 그런데 막상 입사해 보니 안정적인 직장이 문제가 아니었다. 내가 은행이라는 곳 자체에 적응을 못 했기 때문이다. 딱딱하고 보수적인 분위기는 물론이고 상사가 시키는 것과 매뉴얼대로 정해진 방식으로만 일하는 게 영 나의 체질은 아니었다. 결국 입사 후 6개월 만에 '은행은 내 인생의 답이 아니다'라는 결론에 도달했다. 하지만 나 역시 평범한 직장인에 불과했기에 당장 그만두고 나오기는 힘들었다. 이후 6년 정도 더 은행에서 근무했지만, 그 기간 동안 나야말로 치열한 N잡러로 살았다.

처음 해 본 일이 프랜차이즈 음식점 창업이었다. '직장인이 어떻게 음식점 창업?'이라고 의아하겠지만, 투자는 내가 하고 점장으로 지인을 두는 방식이었다. 한 달 수익은 400만 원 정도로 꽤 쏠쏠했다고 볼 수 있었지만, 문제는 생각보다 갑작스럽게 터지는 일들이 많고 그로 인한 스트레스가 만만치 않다는 점이었다. 결국 2년간 운영하다 다시 프랜차이즈 본사에 넘기는 방식으로 정리할 수밖에 없었다. 그 외에도 부동산 투자도 해 봤다. 경매, 분양권 투자, 갭 투자 등 여러 분야를 섭렵했는데 역시 문제는 한번 투자된 비용은 매우 장기간 묶여 있을 수밖에 없다는 점이었다. 한마디로 현금 흐름 자체가 존재하지 않는다는 것이 단점이었다. 직장인 입장에서는 큰돈이 들어가는 투자이기 때문에 때로는 용돈이 부족할 정도의 궁핍한 생활을 견뎌야만 했다.

원래 투자라는 것이 이를 악물고 하는 것이라고는 하지만 언제 수익이 이뤄질지도 모르는 상태에서 참고 견디는 일이 보통 쉽지 않았다. 주식이나 코인 투자도 생각해 보기는 했지만, 리스크가 워낙 크다는 생각에 엄두가 나지 않았다. 또 스마트스토어에도 도전해 봤지만, 역시 많은 시간과 노력에 비하면 수입이 만족스럽지 못했다. 많은 직장인이 그렇겠지만, 나 역시 결론은 하나로 모아졌다.

'큰돈이 투자되지 않으면서 리스크가 적고, 시간이 많이 들지 않으면서 스트레스도 많지 않은 일은 없을까? 거기다가 현금 흐름도 원활하면서 퇴사 이후에도 내 삶을 책임질 수 있는 일이라면 금상첨화일 텐데….'

누군가는 욕심이 너무 많지 않냐고 생각할 수도 있겠지만, 그것이 허황된 꿈만은 아니었다. 결국 나는 여러 부업과 투자를 돌고 돌아 에어비앤비와 삼삼엠투로 대표되는 공간임대사업에 안착했다. 그리고 이 사업을 통해 과감하게 은행을 그만두는 것은 물론이고, 평생 사업으로 가져가도 되겠다는 확신이 들었다.

너무 '희망 회로'는 아닐까?

일단 단기임대사업은 투자비용이 매우 적다. 계약을 위한 보증금과 각종 인테리어 비품 구입비가 투자액의 거의 전부이다. 예를 들어 보증금은 임대 공간 한 곳당 보통 500만 원~1,000만 원 수준이며, 각종 인테리어 및 비품 구입비는 200만~250만 원 정도에 불과하다. 따라서 총 700

만 원에서 1,200만 원 정도의 투자금액으로 임대 공간 하나를 운영할 수 있게 된다. 이렇게 적은 투자금에 비해 수익률은 매우 높았다.

단기임대의 경우 평균적으로 최소 월 50만~70만 원 정도이고, 에어비앤비는 약 150만~200만 원 정도가 수익이 된다. 게다가 매달 현금으로 수익화되기 때문에 현금 흐름 면에서도 더할 나위 없이 좋았다. 또 게스트 응대나 청소 이모님과의 소통에 소요되는 시간은 채 30분도 되지 않았다. 게스트와의 계약 자체는 플랫폼이 알아서 해 주고, 입실과 퇴실 모두 비대면이기 때문에 내가 몸으로 뛸 일도 전혀 없었다. 특히 이 모든 과정을 스마트폰으로 할 수 있기 때문에 직장을 다니면서도 거의 부담이 없었다. 나 역시 직장생활을 하면서 총 4개의 공간을 임대했을 때 드는 시간은 하루에 채 30분도 되지 않았다.

처음 공간임대사업을 할 때는 그 사업의 가성비에 깜짝 놀라고 만족하는 수준이었지만, 그때부터 생각이 조금씩 바뀌기 시작했다. '하나의 임대 공간에서 이 정도의 수익이라면, 만약 10개, 20개로 늘려보면 어떨까?'

단기임대만 한다고 하더라도 10개면 월수익이 500만~700만 원이고, 20개면 1,000만~1,400만 원이 된다. 이 정도의 월수익을 얻으려면 대기업에서 20년 이상 열심히 일해 임원이 되었을 때나 가능한 일이다. 게다가 설사 '억대 연봉'이라고 하더라도 각종 세금을 떼고 나면 손에 직접 쥐는 현금은 600만~700만 원에 불과하다.

누군가는 "사업이라는 게 그렇게 단순한 수학만으로 될 리가 있겠냐?"고 핀잔을 줄 수도 있다. 하지만 누군가에게는 그런 일이 현실이 되고, 심지어 예상을 뛰어넘기도 한다. 지금 나는 에어비앤비 3개, 단기임대 직접 운영 11개, 에어비앤비 위탁운영 10개, 파티룸 직접 운영 1개 등 총 25개의 매물을 운영 중이다. 과거에 내가 했던 상상은 지금 통장 입금액으로 증명되고 있다.

부업이 아니다,
스마트한 인생 전략이다

물론 아무리 쉬워 보이는 사업도 막상 해 보면 분명 어려운 점이 있고, 도전하는 모든 사람이 100% 성공하는 일은 이 세상에 있을 수 없다. 그러나 나는 공간임대업의 성공 확률은 가성비 대비 그 어떤 사업보다 월등히 높다고 생각한다. 또 직접 나에게 수강했던 100여 명이 넘는 수강생 중 본인의 개인 사정이 아닌 이상, 많든 적든 수익을 창출하지 못했던 사람은 단 한 명도 없었다. 결국 자신의 투자와 노력을 배신하지 않는 사업이 바로 공간임대사업이라고 볼 수 있을 것이다.

하지만 지금 당장 수익보다 '사업의 전망'도 중요하다는 사실은 누구나 알고 있을 것이다. 지금 당장 아무리 번창한다고 한들, 시간이 흐르고 비즈니스 환경이 변하면서 트렌드는 얼마든지 바뀔 수 있기 때문이다. 그러나 현재 시점에서 공간임대 시장이 줄어들 기미는 거의 보이지 않고, 오히려 점점 확대될 신호들이 여기저기서 나타나고 있다.

K-컬처의 확산으로 한국을 찾는 외국인 관광객은 폭증하고 있다. 또한 한국 산업 경쟁력이 강화되면서 한국에서 장기 체류하는 고급 인력도 늘어나고 있다. 더 나아가 디지털 노마드나 재택근무 등이 늘어나면서 짧은 기간 동안 머무를 곳을 찾는 사람들도 많아지고 있다. 그러니 앞으로 공간임대업은 꾸준히, 더욱 발전할 것으로 예상된다.

모든 사업을 시작할 때는 희망 회로부터 돌려서는 안 된다고 본다. 실제로 나 역시 여러 부업을 거치며 갖은 고생을 해 봤고, 겉으로 보이는 것과는 달리 실제 일을 하다 보면 생각하지도 못한 어려움이 있다는 사실을 누구보다 잘 알고 있다. 하지만 이 책에서 말하는 모든 내용은 내가 직접 경험한 것이며, 또한 지금도 여전히 유지되고 있는 것들이다. 아마도 이 책의 가이드만 잘 따라온다면 매우 적은 투자금으로 빠르게 수익을 올리는 일이 현실화할 수 있을 것이라고 확신한다.

특히 이 사업은 현금 흐름이 빠르기 때문에 몇 년 정도만 잘 운영하면 목돈을 만들기에 안성맞춤이며, 전반적인 부동산 임대업에 관한 다양한 경험과 지식, 노하우를 쌓기에도 최적이다. 결국 그리 멀지 않은 시점에 이르면 보다 큰, 대규모 부동산 임대업으로 진출할 수 있는 토대가 될 수 있다는 이야기다. 나 역시 이제는 더 큰 규모의 부동산 임대업을 꿈꾸며, 그것을 실현하기 위한 프로젝트를 진행 중이기도 하다.

그런 점에서 나에게 에어비앤비와 삼삼엠투 등 플랫폼을 통한 공간임대사업은 단순한 용돈벌이 수준의 부업이 아니라, 새로운 인생으로 도약하게 하는 스마트한 인생 전략이 되어 주었다. 이 책을 통해 독자 여러분에게도 공간임대업이 새로운 인생 전략의 기반이 될 수 있기를 바란다.

최준회

CONTENTS

1 사업은 열심히 한다고 성공하는 게 아니라 대세가 따라줘야 한다

2 '퇴근 이후의 시간'을 활용해 '퇴사 이후의 삶'을 만들어 가자

PART 1

사업은 열심히 한다고 성공하는 게 아니라 대세가 따라줘야 한다

─────── 사업을 하는 사람이라면 누구나 '트렌드와 흐름'이라는 것이 얼마나 중요한지를 알고 있을 것이다. 자신이 생각하기에 아무리 뛰어난 제품과 서비스라고 하더라도, 현재의 트렌드에 부합하지 못하고 매력적인 흐름에 동참하지 못하면 결국 성공 가능성은 낮아질 수밖에 없다. 그런 점에서 공간임대사업은 현재 트렌드와 흐름에 매우 잘 맞는 사업이라고 할 수 있다. 에어비앤비라면 한국으로 쏟아져 들어오는 관광객이 최적의 타깃이다. 이제 한국은 전 세계적으로 유명한 관광지가 되었고, 이러한 흐름은 K-컬처와 함께 앞으로 더욱 승승장구할 것으로 보인다. 단기임대 등 내국인 대상 비중이 더 높은 임대도 마찬가지다. 이제 젊은 세대는 한곳에 평생 머무르며 살고 싶은 생각이 별로 없다. 회사의 위치에 따라, 그리고 자신의 취향에 따라 어디든 삶의 질을 높일 수 있는 곳으로 이동해 살고 싶어 한다. 결국 공간임대업은 현재 바뀌고 있는 이러한 세상의 트렌드와 흐름에 매우 적합한 업종이라고 할 수 있다.

K-컬처의 약진,
국내 에어비앤비도 동시에 약진

이제 K-컬처는 대한민국 모든 국민의 자부심이자 자랑이 되었다고 할 수 있다. 한국 문화는 두말할 필요 없이 전 세계에서 가장 '핫한' 문화가 되었고, 동시에 한국은 가장 가 보고 싶은 관광지로 등극했다. 공간임대 사업에서 K-컬처는 단순히 훈풍이 아닌, 더 많은 수익을 가져다주는 열풍이 되었다고 볼 수 있다. 한국관광공사의 통 계에 따르면 2025년 상반기에만 한국을 찾은 외국인은 약 883만 명이며, 이는 지난해 같은 기간에 대비해 약 14.6% 늘어난 수치라고 한다. 7월 한 달에만 서울을 방문한 외국인만 해도 사상 최대 규모인 136만 명이라고 하니 말 그대로 어마어마한 수준이 아닐 수 없다.

이뿐만 아니라 영화와 드라마로 인해 낙산공원, 남산서울타워, 뚝섬

---

* 단기임대는 삼삼엠투로 칭하고, 숙박업 중 외국인도시민박업은 에어비앤비로 칭한다.

한강공원 등 서울 명소가 관광객 사이에서는 이른바 성지聖地로 불릴 정도라고 할 수 있다. 이에 따라 에어비앤비 사업도 당연히 활성화되고, 더욱 전망이 있다고 볼 수 있다. 하지만 우리가 조금 더 살펴야 할 것은 '외국인 관광객이 많으니 내 에어비앤비 사업도 잘될 수 있겠다'라는 단순한 계산이 아니다. 외국인이 한국을 찾는 보다 구체적인 이유와 그 트렌드의 미묘한 변화까지도 동시에 알아야만 한다.

동남아에 갈 때
에어비앤비를 잘 안 하는 이유

특정한 나라를 방문하는 외국인이 많다는 이유만으로 해당 국가에 있는 공간임대사업자의 수익이 높아질 것이라고 전망하는 것은 지극히 단편적인 생각이다. 예를 들어 한국인은 태국, 베트남 등 동남아에 많이 가지만, 대부분은 에어비앤비보다는 호텔을 선택한다. 그 이유는 비교적 단순명쾌하다. 이들 국가를 찾는 이유 자체가 힐링을 겸한 관광이기 때문에 군이 로컬 지역에서 현지인과 어울릴 이유가 없다. 따라서 에어비앤비를 통해 집을 찾아가는 일이 오히려 번거롭게 느껴진다.

또한 호텔은 주요 핵심 지역에 있기 때문에 접근성이 좋고, 고급스러운 서비스를 제공하기 때문에 '힐링과 관광'이라는 콘셉트에도 딱 들어 맞는다. 게다가 대체로 동남아는 비행시간이 4~5시간 정도밖에 걸리지 않기 때문에 한 번에 갈 때 일반적으로 2주 이상, 혹은 한 달씩 머무는 경우는 드물다. 만약 이번 여행이 아쉽다면 다음에도 언제든 부담 없이 갈 수 있어서 크게 아쉬움도 남지 않는다. 이런 짧은 여행에서 최고의 만족도를 얻기 위해서는 호텔이 제격이라는 이야기다. 결국 한국인이 아무리 동남아에 많이 간다고 해도, 그 지역의 에어비앤비 사업자의 수익이 그에 비례해 계속 늘어나기는 쉽지 않다.

만약 한국 관광의 목적이 동남아 수준의 위상이라면 역시 한국 에어비앤비 사업자들도 마찬가지일 것이다. 그러나 한국을 찾는 외국인은 단순한 힐링과 관광만을 목적으로 삼는다고 보기는 어렵다. 최근 수년 사이에 한국을 찾는 이유는 매우 확실히 바뀌었는데, 그것은 '깊숙이 다방면으로 경험하고, 살아보고 싶다'는 점이다. 즉, 로컬 문화를 체험해보고 싶다는 열망이 강하다. 더 나아가 '일도 하고 싶고, 친구도 사귀어 보고 싶다'는 이유로 한국을 찾는 사람도 많다. 심지어 성형수술을 위해 한국을 방문하는 경우도 꽤 많다.

결국 외국인이 동남아를 찾는 이유와 한국을 찾는 이유는 확연히 다르다. 만약 깊이 경험하고 살기 위해, 그리고 일도 하고 친구도 사귀기 위한 목적이라면 당연히 장기 체류일 수밖에 없으며, 바로 이 점이 한국 에어비앤비 사업자의 수익을 더욱 높여주는 이유라고 할 수 있다. 특히 미국이나 유럽권 외국인의 경우 3~4일의 단기 관광을 하기 위해 비행시간이 13~15시간이나 걸리는 한국을 찾기는 쉽지 않다. 역시 장기 체류를 하게 되고, 그러다 보면 호텔보다는 에어비앤비가 훨씬 나은 선택이 된다.

실제 에어비앤비 본사의 조사에 따르면 '현지 경험'을 중요하게 생각하는 사람들은 호텔보다 에어비앤비를 선택하는 경향이 있다고 한다. 실제 에어비앤비를 통해서 2~3개월 정도 장기 체류를 하는 외국인들도 꽤 많고, 또 다른 외국인 플랫폼인 엔코스테이를 통해서도 외국인들이 예약을 많이 하고 있다.

디지털 노마드족의 증가

통계를 봐도 아예 한국에 거주하거나 장기적으로 체류하는 사람의 수는 계속 늘고 있다. 이미 2007년쯤 등록된 외국인 수가 100만 명을 넘어섰고, 2016년에는 200만 명을 돌파했다. 2023년에는 250만 명, 2024년에는 254만 명으로 계속 상승하는 중이다. 흥미로운 사실은 이렇게 외국인이 점점 많아지면 그들을 위한 인프라가 발전하게 되고, 이러한 발전된 인프라가 더 많은 외국인을 부르게 된다는 점이다.

전 세계적인 차원에서 발생하는 '디지털 노마드^{Digital Nomad}'라는 흐름도 분명 도움이 될 수 있다. 디지털 노마드란 디지털 기술로 무장한 사람들이 장소를 한곳에 정하지 않고 자신이 원하는 곳에서 살며 일하는 현상을 말한다. 그런데 이런 사람은 생각보다 많다. 현재 전 세계적으로 약 3,500만 명 정도가 있는 것으로 알려져 있다. 이 정도 숫자면 거의 한 나라의 수준이다. 대만 인구가 2,400만 명이고, 말레이시아 인구가 3,500만 명이다. 따라서 '디지털 노마드'라는 국가가 있는 것과 마찬가지다. 그런데 앞으로 약 10년 뒤에는 이 인구가 폭발적으로 늘어나 수억 명 단위로 증가할 것이라는 분석도 있다.

다만 이런 사람들이 선택하는 해외 국가는 역시 산업적으로 첨단 국가일 수밖에 없다. 이런 업종에 종사하는 사람 자체가 이미 최첨단 IT 기술을 가진 경우가 많기 때문에 흔히 언급되는 후진국에는 잘 가지 않는다. 이런 점에서 봐도 한국은 최적의 나라가 아닐 수 없다. 산업별로 우리나라가 최첨단이 아닌 분야는 매우 적다. 게다가 살기 편하고 사람들도 친절하다는 인식이 강하기 때문에 앞으로 디지털 노마드의 주요 목적지가 한국이 될 가능성이 높다. 특히 카페에서 일하기를 좋아하는 디지털 노마드족에게 한국의 카페 문화는 일하기에 천국과 같은 환경이다.

정부의 정책도 이들의 유치를 돕고 있다. 법무부는 2024년부터 '디지털 노마드(워케이션) 비자'를 시범 운영하고 있다. 현재 별도의 직업과 관련된 비자가 없다면 90일 이하로만 체류할 수 있기 때문에 이를 완화해 주는 제도다. 결국 범정부 차원에서 이러한 지원이 이루어지고 있기에, 디지털 노마드족으로 인한 국내 공간임대시장도 지금보다 훨씬 활성화 될 수 있다고 볼 수 있다.

✔ K-컬처의 확산으로 한국은 세계에서 가장 인기 있는 여행지가 되었고, 2025년 상반기 외국인 방문객은 883만 명으로 전년 대비 14.6% 늘었다. 서울 명소들이 '성지'로 떠오르며 에어비앤비를 포함한 공간임대 수요도 빠르게 증가하고 있다.

✔ 외국인 관광객은 단순한 휴식보다 한국 문화와 생활을 직접 체험하려는 경향이 강하다. 이들은 장기 체류를 선호하며, '현지 경험'을 이유로 호텔보다 에어비앤비와 같은 숙박 형태를 선택하는 경우가 많다.

✔ 한국의 장기 체류 외국인은 꾸준히 늘고 있으며, 전 세계 디지털 노마드 인구도 3,500만 명에 이른다. 한국은 첨단 산업과 편리한 생활 환경 덕분에 이들의 주요 목적지로 떠오르고 있으며, 정부의 '디지털 노마드 비자' 시행으로 공간임대 시장의 성장도 기대된다.

환경과 트렌드 변화에 최적화된
공간임대사업

내국인의 이동과 거주는 일자리와 매우 밀접한 관련이 있다. 자신이 일하는 곳 근처에서 최대한 가까이 살아야만 시간과 돈을 절약할 수 있기 때문이다. 과거에는 평생직장도 있었고 가족의 수가 많았기 때문에 한 곳에 집을 사거나 임대를 하면 그곳에서 10년, 20년 이상 안정적으로 사는 경우가 흔했다. 그러니 이동이 별로 없었고, 잠시 출장을 가거나 파견을 가는 일이라면 모텔이나 호텔이 거주지 선택의 전부였다.

게다가 대가족이다 보니 한 번 거주지를 옮기려면 보통 힘든 일이 아니다. 자녀가 있다면 학교도 알아보아야 하고, 주변 환경도 신경 써야 하기 때문에 이사를 한다는 것 자체가 무척 괴롭고 피곤한 일이었다.

이런 상황에서는 '부동산 공간임대시장'이 활성화되기는 매우 어려웠다. 그러나 이제 시대가 변하고 사회가 바뀌면서 이러한 환경이 완전히 달라졌다. 한마디로 공간임대사업을 위한 최적의 시대가 열렸다고 해도 결코 과언이 아니다.

잦은 이동을 하는 시대

우선 요즘 청년 세대에게 '평생직장'이라는 개념은 아예 존재하지 않는다. 요즘에는 40대만 되어도 서서히 은퇴를 생각하고 준비해야 할 시기이다. 물론 법적인 은퇴 시점은 훨씬 더 늦지만, 실제 회사 내부에서 느껴지는 은근한 압박감과 조기 은퇴의 분위기 속에서 법적 은퇴 나이까지 버티는 것은 매우 힘든 일이다.

이뿐만 아니라 가족의 수數도 1인으로 줄어들었다. 2024년 행정안전부 통계에 따르면 전국의 1인 가구 수는 드디어 1,002만 명이 되었다. 인구 통계 집계 이래 처음으로 1,000만 가구를 넘어선 기록이다. 게다가 평생직장이 사라진 곳에는 이제 단기·임시·계약직이 늘어났다. 기업들은 고용 비용을 절감하기 위해 정규직 채용을 회피하고, 수개월 혹은 1~2년 단위로 노동력을 구한다.

공간임대사업의 관점에서 본다면, 1인 가구의 증가와 단기 일자리의 동시 증가는 엄청난 시너지 효과로 작용한다. 혼자 사는 많은 사람이 일자리를 위해 빠르게 이동한다는 것은, 그만큼 공간임대를 하는 사람이 늘어난다는 의미이기 때문이다. 그런데 여기에 문화까지 변하기 시작했다. 과거에는 이사를 자주 하는 집이 있으면 왠지 측은하게 보는 경향이 있었다. 어느 한 곳에서 진득하게 살지 못하는 모습 자체가 불안의 징표로 여겨졌던 것이다.

그러나 지금은 이러한 문화도 달라졌다. '한 달 살기'나 장기 체류 여행, 혹은 자신이 원하는 곳으로 거주지를 옮기는 것이 오히려 쿨한 일로 받아들여진다. 여기에 일을 하면서 휴가도 즐긴다는 뜻의 '워케이션 Workation'이라는 멋진 말도 등장했다. 어떤 면에서는 한곳에서만 진득하게 사는 것 자체가 오히려 경제적 여유가 별로 없고, 답답하고 지루한 삶처럼 여겨지기도 한다. 이 역시 공간임대사업에 있어 큰 도움이 되는 변화이다.

문화와 감성마저 변해

게다가 개인의 감성마저 변했다. 지금은 자신만의 리듬과 루틴으로 살아가면서 각자의 경험을 매우 중요시하는 사람이 늘어났다. 이제 과거와는 달리 일에만 파묻혀 사는 삶을 추구하지 않는다. '워라밸'이라는 말에서 알 수 있듯이, 일도 중요하지만 개인의 삶과 경험, 여유도 매우 중요한 요소가 되었다. 따라서 혼자 여행하거나 혼자서 하는 일이 각광받는 시대라고 할 수 있다.

'혼밥'이나 '솔로 여행' 등이 오히려 자신만의 리듬을 지키며 살아가는 여유로운 모습처럼 보이기도 한다. 이러한 감성은 공간으로도 자연스럽게 이어진다. '내가 사는 곳은 내가 선택하면서 살겠다'는 의미가 강해진 것이다. 이것과 맞물린 것이 바로 공간임대사업의 강점인 감성적인 공간과 인테리어로 연결된다. 여러 공간임대사업자가 경쟁력을 갖추기 위해 일반적인 집에서는 잘 경험하지 못하는 뛰어난 감각의 공간을 만들어 내면서 사람들도 이러한 경험을 추구하게 된 것이다.

공간임대사업을 이제는 더 이상 부업처럼 생각해야 하는 시대는 지났다고 본다. 물론 초창기에는 수요가 많지 않았기에 일반 직장인의 수입과는 비교할 수 없을 정도로 적었다. 그저 1~2개 정도의 매물을 가지고 시작하는 사람이 대부분이었고, 그나마 플랫폼도 아직 대중화되지 않았다.

실제 단기 임대 플랫폼의 선두 주자라고 할 수 있는 삼삼엠투가 서비스를 시작한 것은 2020년 초반부터이다. 그러나 초기 2~3년은 크게 주목받지 못했고, 본격적으로 매출이 늘기 시작한 때는 2023년 하반기부터 2024년 초반이었다. 따라서 삼삼엠투가 본격적으로 성장한 것은 2~3

년 정도밖에 되지 않는다. 이제 단기 임대사업은 아직 초창기에 불과하지만, 앞서 언급한 여러 환경 변화와 맞물려 앞으로 더욱 큰 시장으로 발전할 것으로 보인다.

✔ 과거에는 평생직장과 대가족 중심의 안정된 주거 형태가 일반적이었지만, 지금은 1인 가구 증가와 단기·계약직 확대로 인해 이동이 잦아졌고 보다 유연한 주거 형태가 필요해졌다. 이로 인해 공간임대 시장이 새롭게 성장할 기반이 마련됐다.

✔ 사회 문화가 변화하면서 '자주 이사하는 사람'에 대한 부정적 인식이 사라지고, '한 달 살기' '워케이션' '디지털 노마드' 같은 자유로운 이동과 체류 문화가 확산됐다. 이는 공간임대에 대한 수요를 더욱 자극하는 요인이라고 볼 수 있다.

✔ 개인의 감성과 라이프스타일도 변화하여, 자신만의 리듬과 공간을 중시하는 경향이 강해졌다. 이러한 변화 속에서 감성적 인테리어와 독립적 공간 경험을 제공하는 공간임대가 호텔을 대체할 수 있는 매력적인 선택지로 떠올랐다.

공간임대 시장은
여전히 블루오션이다

여러 가지 변화와 맞물려 최근 몇 년 사이에 공간임대업을 하려는 사람이 상당히 늘어났다. '삼삼엠투'의 경우 2023년에 신규 등록된 방이 1만 5천 건이었던 것에 비해 2024년에는 무려 3만 3천 건이 되었다. 200%가 넘는 폭증세라고 할 수 있다. 또한 삼삼엠투의 자체 분석에 따르면 강남 테헤란로 주변 건물 중 약 20% 정도가 공간임대를 하고 있다고 한다. 이렇게만 본다면 이미 시장은 완전히 레드오션이 되었고, 그래서 '지금 내가 이 사업을 시작해도 될까?'라는 의문이 들 수도 있다. 실제로 인기 있는 지역의 경우 임대 매물이 셀 수 없을 정도로 많이 나와 있어서 "와, 이렇게나 많아?"라는 말이 나올 법하다. 하지만 공간임대업이 레드오션이라고 보는 관점은 지극히 편협하다. 한마디로 현상만 보고 본질을 보지 못한다는 이야기다.

사실 내가 처음 시작할 때만 해도 이미 레드오션이라는 말은 파다하게 퍼져 있었다. 하지만 되돌아보면 그런 말들은 현상만 보는 지나친 호들갑이라고 해도 과언이 아니다. 나는 오히려 공간임대업은 앞으로도 더 많이 발전할 수 있는 시장이라고 확신한다.

경쟁력과 차별화가 핵심적일 뿐

레드오션과 블루오션을 결정짓는 핵심은 수요와 공급의 관계이다. 이미 수요는 한계에 다다랐는데, 그럼에도 계속해서 공급이 이루어진다면 단연 레드오션이라고 할 수 있다. 이는 시장에 참여한 모든 사람의 수익이 공통적으로 낮아지는 현상을 불러일으킨다. 그런데 공급이 늘어나는 동시에 수요마저도 늘어난다면 어떨까? 그러면 이 시장은 레드오션이라고 볼 수 없으며, 심지어 수요의 기울기에 따라 오히려 블루오션이 된다고 볼 수 있다.

삼삼엠투의 2022년 계약 건수는 약 4천 5백 건이었다. 그런데 2023년에는 2만 건으로 늘어났으며, 2024년에는 무려 7만 건으로 증가했다. 계약 건수가 많아지면 당연히 거래액도 늘어날 수밖에 없다. 삼삼엠투의 매출액도 대폭 늘었다. 2022년에 50억 원이었던 것이 2023년에는 260억 원, 2024년에는 840억 원으로 폭증했다. 이는 곧 수요와 공급이 동시에 증가하고 있다는 의미이다. 최첨단 빅테크 산업이 아니고서야

이 정도로 거래액이 매년 폭증하는 시장도 드물 것이다.

에어비앤비도 마찬가지다. 한국 내에서 에어비앤비 관련 지출은 2022년 4조 5천억 원에서 2024년 6조 4천억 원으로 증가했다. 역시 이러한 거래액 전체의 증가는 수요와 공급이 동시에 늘어난 결과라고 할 수 있다. 그런데 앞에서도 이미 살펴봤지만, 향후 공간임대의 수요는 지금보다 더욱 늘어날 것으로 보이며, 따라서 지금 시점에서 '레드오션'이라고 판단할 필요는 전혀 없다.

다만 이렇게 전체적인 시장이 밝다고 하더라도, 나의 임대 공간이 있는 지역에서 경쟁이 지나치게 치열하다면 내 공간이 선택받을 가능성이 떨어질 수도 있다. 예를 들어 임대 수요가 많은 홍대라면 당연히 많은 임대사업자가 경쟁하게 되고, 그 결과 해당 지역이 레드오션이 될 수 있다는 우려가 생긴다. 그러나 공급자가 많이 몰린다는 것은 역시 수요 또한 많다는 의미이다. 아무리 경쟁자가 많더라도 결국 경쟁력은 '내가 어떻게 하느냐'에 달려 있다.

치킨 자영업자가 끊임없이 폐업하지만, 동시에 끊임없이 생겨나는 이유는 그만큼 치킨 시장이 확고하다는 의미이다. 따라서 맛있는 제품을 만들어낼 수 있다면 치열한 경쟁 여부와 상관없이 나의 매출은 견고할 수밖에 없다. 따라서 경쟁이 치열하냐 아니냐 자체는 부차적인 문제에 불과하다. 임대 사업에 있어서 내가 만들어 놓은 공간이 매력적이라면 오히려 그곳에 들어오기 위해서 많은 수요자가 치열하게 경쟁할 것이다. 결국 경쟁자가 많다고 두려워할 일이 아니라, '이곳은 수요가 많은 지역이다'라고 생각하는 것이 더 정확하다.

현대인의 라이프 스타일도 변해

때로는 부동산 경기 침체로 인해 공간임대시장이 함께 침체하지 않을까 하는 우려를 하기도 한다. 보통 부동산 경기가 좋지 않다고 하면 부동산 거래 자체가 많지 않아서 공간임대 수요도 줄어들 것이라고 생각할 수 있지만, 사실은 정반대이다. 부동산 시장이 침체했다는 것은 곧 매매나 전세 등 큰 투자가 이뤄지는 시장이 침체했다는 의미일 뿐이다. 그러나 그럴수록 공간임대는 오히려 더 활성화될 수 있다. 장기간 돈이 묶이는 것도 아니고, 상황에 따라 언제든 주거지를 옮길 수 있기 때문에 부담이 줄어들게 된다.

2025년 초 KB경영연구소에서 발표한 자료에 따르면 "부동산 경기가 침체하면서 월세 거래 비중이 사상 최고를 기록했다."는 내용이 있다. 이 말은 사람들의 심리가 '큰돈 들이지 말고 단기간 월세로 살자'로 기울였다는 것이라고 볼 수 있다. 또한 정부 입장에서는 계속해서 부동산 투기를 줄이려는 정책을 시행하고 있기 때문에 부동산 시장이 급격히 활성화되기는 어려울 가능성이 높고, 그 결과 자연스럽게 공간임대시장의 수요가 늘어날 것으로 보인다.

물론 시장의 전망이 좋다고 해서 이 시장에 뛰어드는 모든 사람이 성공할 수 있다는 이야기는 절대 아니다. 그 무엇이든 '자기 하기 나름'이다. 그러나 공간임대시장은 현재까지는 분명 블루오션이며, 설사 앞으로 레드오션 상황이 펼쳐지더라도 자기 경쟁력에 따라 정반대의 결과를 만들어낼 수 있다. 시장의 미래를 걱정하기보다는, 오히려 어떻게 하면 더 경쟁력 있는 매물을 찾아내고 게스트에게 매력적으로 보이게 할지를 고민하는 것이 훨씬 더 현명한 일이다.

✔ 공간임대 시장은 공급이 폭증했음에도 수요와 거래액이 동시에 많이 증가하여 여전히 성장 가능성이 크고, 지금 시작해도 늦지 않은 시장이다.

✔ 특정 지역은 경쟁이 치열할 수 있지만 차별화된 경쟁력을 확보한다면 지역 내에서도 충분히 블루오션을 만들 수 있다.

✔ 부동산 침체도 영향을 미치지 않을 뿐만 아니라 오히려 공간임대 시장을 더 활성화한다. 따라서 경쟁력 있는 매물을 찾아내는 것이 최우선 과제일 뿐이다.

투자비와
실제 수익 대공개

아무리 시장의 전망이 밝고 블루오션이라고 하더라도, 결국 중요한 것은 '내가 사업에 참여했을 때 어느 정도의 돈을 벌 수 있는가?'이다. 그뿐만 아니라 투자 수익률ROI도 매우 중요하다. 과연 내가 얼마를 투자해서 얼마를 버느냐의 문제이다. 1억을 투자해서 한 달에 1천만 원을 벌 수도 있지만, 3천만 원을 투자해서 한 달에 1천만 원을 벌 수도 있다. 이럴 경우 투자 수익률은 후자가 훨씬 높다. 쉽게 표현하면 '투자에 따른 가성비'라고도 할 수 있다. 공간임대사업은 그런 점에서 가히 최고의 효율성을 가진 사업임은 틀림없다.

그러나 장점이 있으면 단점도 있는 법이다. 투자 가성비는 매우 뛰어나지만, 개별 물건에서 벌 수 있는 수익에는 한계가 있을 수밖에 없다. 하나의 임대 공간에서 벌 수 있는 수익은 명확한 한계가 있기 때문에 전체 수익을 늘리기 위해서는 계속해서 물건을 확보해 임대 공간을 늘려

나가는 전략이 필요하다. 이번에는 과연 공간임대사업을 본격적으로 하기 위해 초기에는 얼마를, 또 어떻게 투자하고 어느 정도의 수익을 얻는지 자세히 살펴보도록 하자.

투자 대비 놀라운 수익률

우리나라 자영업자의 평균 창업비용은 대략 얼마일까? 여러 기관의 조사에 따르면 최하 5천만 원에서 평균 1억 5천만 원, 많게는 3억 원 정도가 드는 것으로 나타나고 있다. 분식이나 김밥집 창업이 가장 낮은 5천만 원 수준이지만, 이 역시 입지나 내부 인테리어에 따라 2억 원까지 치솟기도 한다. 프랜차이즈에 가맹해 창업할 때도 보통 1억 5천만 원 정도가 든다고 한다.

많은 자영업자는 일단 '억 단위'가 넘어가기 시작하면 심리적인 부담을 느낀다. 이렇게 많은 돈이 들어가면서도 실제 한 달에 손에 쥐는 수익은 매우 적은 것이 현실이다. 2024년 2월 국세청 자료에 따르면 자영업자의 월평균 소득은 약 160만 원 정도이다. 물론 이는 평균이기 때문에 이보다 훨씬 적게 버는 사람도, 훨씬 많이 버는 사람도 많을 것이다. 그러나 대다수 자영업자가 기대했던 만큼의 수익을 올리지 못하는 것이 현실이다.

이러한 기본적인 사실관계에서 창업 자금과 그에 따른 수익을 비교하면 얼마나 가성비가 높은지를 쉽게 알 수 있다. 앞에서도 언급했지만 다시 한번 요약해보자면, 최대 보증금 1,000만 원에 각종 비품 구입비 200만 원을 더한 총 1,200만 원 투자로 최대 70만 원 정도의 순수익을 거둘 수 있다.

> **〈공간임대〉**
>
> **최대 1,200만 원 투자 - 월 순수익 70만 원**

> **〈일반 자영업〉**
>
> **최대 3억 원 투자 - 월 순수익 160만 원**

이렇게만 보면 공간임대는 일반적인 자영업에 비하면 '극강의 가성비'를 가지고 있다고 봐도 무방하다. 심지어 보증금을 500만 원 정도로 잡는다면 투자비용은 다시 700만 원으로 낮아지는 반면, 월 순수익은 변하지 않는다. 이 정도 수준이라면 사업에 대한 만족도도 꽤 높다고 할 수 있다.

물론 노력의 정도에 따라 월 순수익의 결과는 달라지겠지만, 내 경험상 이 정도의 순이익은 '사업에 열의를 가지고 평균적인 노력을 하는 사람'의 수준이다. 실제로 10개 이상을 운영할 당시 삼삼엠투 플랫폼에서

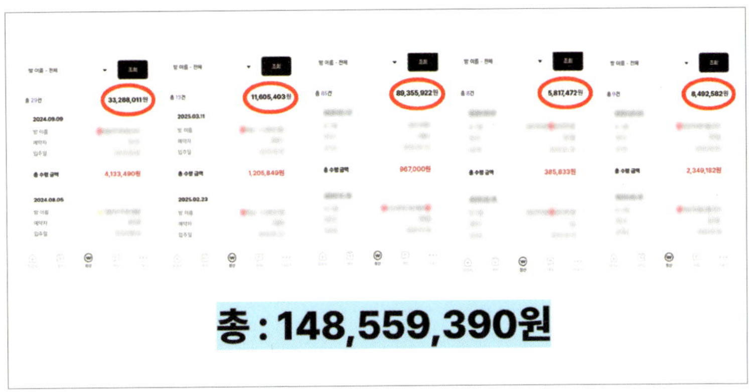

삼삼엠투, 1년 운영 매출

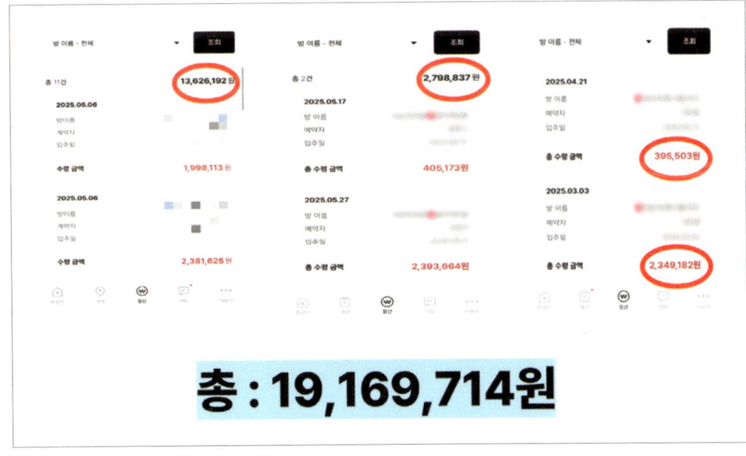

최근 한달 수익

만 나의 순수익은 다음 도표에 나와 있는 정도였다.

자영업,
폐업하기도 쉽지 않은 상황

사업에 있어서 또 하나 중요한 점은 손익분기점이라고 할 수 있다. 일정한 금액이 투자되었다면 그 투자금이 전부 회수되는 시기도 중요하기 때문이다. 일단 보증금을 투자금으로 볼 것인가, 그렇지 않을 것인가는 관점에 따라 다를 수 있다. 그러나 나중에 사업을 하지 않을 때 회수할 수 있다는 점에서 투자금액에서 제외해 보자. 그러면 순투자는 200만 원이 된다. 각종 소모품 구입에 150만 원, 중개 수수료가 50만 원이다. 한 달에 70만 원의 수익이라면 손익분기점은 3개월이라고 할 수 있다. 물론 경우에 따라 다르겠지만, 일반적인 사업의 경우 최소 1년이며 보통은 2~5년 정도라고 한다. 이에 비하면 공간임대사업의 손익분기점은 놀라울 정도로 짧다고 할 수 있다. 물론 초기에 넣는 보증금을 투자비용으로 여긴다고 해도 크게 부담되는 수준은 아니다.

에어비앤비의 경우에는 투자금이 삼삼엠투에 비해 높지만, 동시에 수익성도 높다고 할 수 있다. 예를 들어 특별히 공사를 하거나 보증금을 제외하면 투룸에 들어가는 순투자금액은 300만 원, 쓰리룸이라면 500만 원 이상이 소요된다. 이렇게 해서 벌 수 있는 순수익은 약 150~200만 원 정도가 되기 때문에 역시 손익분기점은 2~3개월이면 충분하다.

만약 A급 입지에 있는 임대공간이라면 그 수익은 더욱 높아져 한 달에 300만 원이 될 때도 있다. 물론 이런 임대공간을 찾는 일이 쉽지는 않지만, 일단 이 부분이 해결되면 확실히 에어비앤비의 수익은 삼삼엠투나 기타 플랫폼을 압도한다고 볼 수 있다.

공간임대사업은 그만둘 때도 장점이 있다. 일반 자영업의 경우에는 최악의 경우 폐업을 하고 싶어도 하지 못하는 상황에 처하곤 한다. 예를 들어 점포 철거비나 원상복구 비용이 들어가고, 만약 대출을 받은 경우라면 폐업 즉시 대출금 상환 압박이 들어오기 때문에 사실 많은 사람이 계속 손해를 보면서도 폐업하지 못한다. '2025 폐업 소상공인 실태조사'에 따르면 폐업에 들어가는 평균 비용만 2,200만 원에 이른다. 그러나 공간임대업에는 폐업 비용이라는 것이 아예 존재하지 않는다. 계약 기간이 만료되어 짐을 빼면 그것이 바로 폐업이다. 약간의 이사비용만 뺀다면 돈 때문에 짐을 빼지 못할 이유는 없다.

또한 확장성 면에서도 압도적인 강점을 가지고 있다. 하나의 임대공간에서 성공적인 결과를 얻었다면, 그것을 그대로 3~4개, 혹은 10~20개로 '이식'하기만 하면 되기 때문이다. 결국 투자금, 손익분기점, 폐업, 확장성 등 다양한 측면에서도 매우 큰 장점을 가지고 있다고 할 수 있다.

직접 매입해서는
안 되는 이유

그런데 때로는 자신이 직접 원룸이나 오피스텔 등을 매입한 후 공간임대업을 하려는 사람도 있다. 하지만 이것은 가성비가 얼마나 현저하게 떨어지는지는 누구나 알 수 있다. 예를 들어 2~3억 원을 들여 원룸을 매입한 뒤 공간임대업을 한다고 해보자. 자신이 집주인이기 때문에 따로 월세를 내야 할 이유는 없지만, 그렇게 해봐야 한 달에 올릴 수 있는 매출은 150~200만 원, 관리비와 청소비 등을 제외하면 순수익은 120~170만 원 사이이다. 그렇게 1년을 해서 버는 돈은 1,500만 원에서 2,000만 원 정도이다. 이렇게 벌어들여 2~3억 원이라는 애초의 투자금을 회수하기 위해서는 10~20년 정도가 걸린다.

문제는 이 시간 동안 상권이나 트렌드가 언제, 어떻게 변할지 아무도 모른다는 사실이다. 요즘만 해도 한창 '핫플레이스'로 뜨는 지역이었지만, 3~4년만 지나도 완전히 죽은 상권으로 변하는 일은 매우 흔하다. 이럴 때는 공간임대업에서 가장 중요한 '입지'라는 경쟁력을 완전히 잃게 된다.

이뿐만 아니라 직접 매입의 경우에는 확장성 측면에서도 현저하게 가성비가 떨어진다. 한 번에 2~3억 원이나 드는 원룸이나 오피스텔을 10개만 마련하려고 해도 20~30억 원이라는 엄청난 금액이 필요하다. 일반인에게 이런 방식의 확장은 애초에 불가능하다고 해도 과언이 아니다. 따라서 공간임대업을 하려고 한다면 매매보다는 임차를 해서 운영하는 것을 권장하고, 만약 본인이 건물주이거나 주택 등을 가지고 있고, 수요가 많은 입지라면 플랫폼을 활용하는 전략은 유효하다고 할 수 있을 것이다.

✔ 자영업 창업은 평균 5천만~3억 원의 비용이 들지만 실제 월평균 수익은 160만 원 수준에 머무는 경우가 많다. 이에 비해 공간임대사업은 이보다 훨씬 높은 가성비를 자랑한다.

✔ 일반 자영업의 손익분기점은 1년~5년 이상 걸리지만, 공간임대업은 최저 3~4개월이면 회수가 가능하고 최악의 경우에도 손실 규모가 비교적 작아 폐업 부담이 적다.

✔ 원룸이나 오피스텔을 매입해 공간임대업을 하는 것은 초기 투자금이 과도해 수익률이 매우 낮고, 투자금 회수에도 엄청난 시간이 걸린다.

'비대면-자동화'라는 플랫폼 사업의 독특한 특징

공간임대사업은 다른 일반적인 사업에 비하면 여러모로 독특한 면을 가지고 있다. 일단 '공간'을 임대하기 때문에 제품을 생산하는 힘든 노력이 필요 없다. 또 플랫폼의 등록 과정에서 별도의 투자나 개인 자격요건이 없어서 누구나 시작할 수 있다. 플랫폼이 거의 대부분 사업적 과정을 대신해 준다는 점도 장점이다. 모객, 결제, 정산이 모두 플랫폼 안에서 이루어져서 따로 사업자가 신경 쓸 일이 없다. 여기에 본인의 사업 시스템 구성에 따라 청소, 관리 등도 자동화할 수 있다.

심지어 비대면이라는 특징까지 있기에 아주 특별한 경우를 제외하고는 고객을 직접 만날 필요도 없다. 메시지만으로도 얼마든지 소통이 가능하기 때문에 통화할 일조차 없다는 이야기다. 더 나아가 퇴실 후의 청소, 소모품 관리, 임대 공간의 비밀번호 관리까지도 모두 자동화할 수 있다. 어떻게 보면 공간임대사업은 기존 사업의 개념을 완벽하게 바꾸었다고 볼 수도 있다.

　과거에는 '일은 적게 하고, 돈은 많이 벌고 싶다'는 말을 하면 부모님이나 친구들로부터 욕을 먹던 시절도 있었다. 하지만 이제는 전혀 욕먹을 일이 아니라 오히려 스마트한 일이다. 공간임대사업과 같은 비대면·자동화 사업은 과거보다 훨씬 적게 일하면서도 더 많은 돈을 벌 수 있는 새로운 기회를 주기 때문이다.

공간을 파는 사업

　공간임대업은 고난도 숙련 과정이 필요한 제품이나 서비스를 제공하지 않는 것이 가장 큰 장점이다. '사업'이라고 하면 보통 제품을 생산하거나 특정 유형의 서비스를 제공하는 것을 말한다. 하지만 이를 위한 진입장벽은 무척이나 높다. 제품을 만들기 위해서는 자신만의 기술력을 갖추어야 하고, 이를 위해서는 해당 업계에서 수년간 경력을 쌓아야 한다. 관련 업종을 경험해 보지 않은 사람이 뜬금없이 특정한 사업에 뛰어드는 것 자체가 불가능하다. 다소 쉽게 시작할 수 있는 외식업이라고 하더라도 고객이 만족할 만한 '맛집'이 되지 않으면 몇 달 가지 못해 폐업해야 하는 상황에 이른다.

마케팅이나 홍보에 돈과 시간을 투자할 필요도 없다. 어차피 게스트가 자신이 머물 공간을 선택하고 해당 지역에서 임대 공간을 검색하기 때문이다. 사진과 소개 페이지를 잘 꾸며 놓고, 후기 관리를 잘하는 것이 마케팅과 홍보의 전부라도 해도 과언이 아니다. 본인이 이미 인플루언서라면 별도의 SNS 홍보를 해도 되지만, 그렇지 않은 경우라면 굳이 해야 할 필요성도 없다.

경쟁이라는 차원에서도 여타 사업과는 약간 다른 양상을 가진다. 예를 들어 동일한 상권에 비슷한 임대료를 가진 두 개의 임대 공간이 있다고 해 보자. 이 두 개는 서로 경쟁 관계에 있다고 볼 수도 있겠지만, 사실 둘 사이의 차별화 요소가 매우 많기 때문에 어느 쪽이 우위라고 단정하기가 쉽지 않다.

예를 들어 인테리어의 경우, 어떤 게스트는 힐링 느낌이 풍성한 인테리어를 선호하지만, 또 어떤 게스트는 인테리어에는 거의 신경 쓰지 않고 주변의 편의시설만 보기도 한다. 또 어떤 게스트는 조용한 곳을 원하기도 하지만, 또 어떤 게스트는 사람들이 많이 오가는 지역을 선호하기도 한다.

이렇듯 임대 공간의 선택에서는 개인의 취향이 매우 적극적으로 개입하기 때문에 '동일한 상권-비슷한 임대료'라고 하더라도 서로의 임대 공간을 배타적인 경쟁 관계라고만 보기는 힘들다. 심지어 공간만 마음에 든다면 게스트는 더 많은 임대료를 지불할 용의도 얼마든지 있다. 따라서 무조건 가격이 낮은 것이 차별화의 요소가 되는 것도 아니다.

비대면의 편리함은 이루 말할 필요가 없다. 플랫폼 메시지와 개별적인 메시지로 얼마든지 소통할 수 있기 때문에 사람을 만나서 대화하는 일에 소요되는 시간과 피로감을 현저하게 덜 수 있다.

도어락 비번 변경까지 자동화

도어락 비밀번호는 직접 현장에 가서 바꿔야 하는 게 아니냐고 말할 수도 있다. 실제로 사업자 중에는 본인이 직접 게스트 퇴실 후 비밀번호를 매번 바꾸는 사람도 있다. 하지만 굳이 그럴 필요가 없다. 나의 경우에는 입실하는 게스트에게 "이 집의 비밀번호는 12345로 설정되어 있습니다. 거주하시는 동안 원하시는 번호로 변경하시고, 퇴실할 때 원상 복귀해 주시면 됩니다."라고 사전에 고지한다. 그러면 대부분은 비밀번호를 변경하지 않고, 설사 변경하더라도 퇴실할 때 게스트가 알아서 원상 복귀를 한다. 원상 복귀를 하지 않고 가더라도 문자를 통해 알아낼 수 있기 때문에 청소 이모님들이 알아서 다시 복구하게 된다.

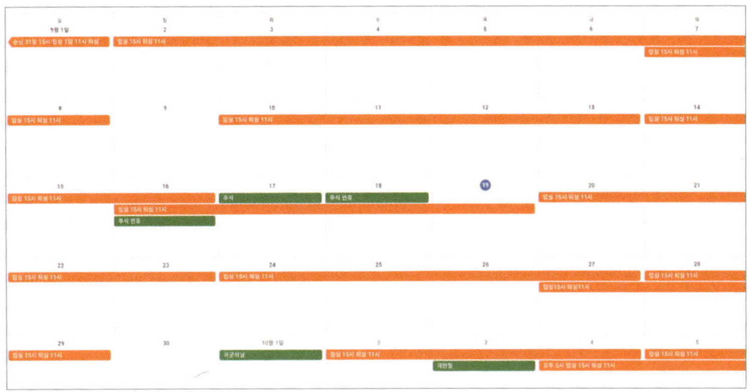

특히 이러한 도어락 문화는 한국이라서 가능한 일이기도 하다. 일본에서는 여전히 우편함에 열쇠를 넣어 두거나, 유럽에서는 화재의 위험 때문에 아예 도어락 설치가 금지된 곳도 있다. 임대업자 입장에서는 열쇠 관리에 신경이 쓰일 수밖에 없다.

퇴실 후 청소도 당연히 비대면·자동화에 의해서 이루어진다. 예를 들어 내가 구글 캘린더에 언제 게스트가 입주하고 언제 퇴실했는지를 표시해 둔다. 그러면 청소 이모님은 이 캘린더를 보면서 언제 청소를 해야 할지를 알게 된다. 따로 전화해서 청소를 해 달라는 말 자체가 필요 없다는 이야기다.

어쩌면 앞으로 더 많은 플랫폼 사업이 보편화되면서 비대면·자동화

사업들이 등장할지도 모른다. 하지만 현 단계에서 이러한 시스템을 구축하고 있는 사업은 공간임대사업이 단연 최고봉이라고 본다. 내 공간을 한국인은 물론 전 세계인에게 보여주는 플랫폼, 서로 언제든 연락할 수 있는 스마트폰 등의 전자기기, 한국에서 이미 대중화되어 있는 도어락, 구글 캘린더와 같은 앱의 활용, 더 나아가 비대면 문화는 공간임대사업에서 나의 노동력 투어를 최소화하고 더 많은 사람을 게스트로 모을 수 있도록 해준다.

✔ 공간임대사업은 제품 생산이나 자격 요건 없이 누구나 시작할 수 있고, 플랫폼이 모객·결제·정산을 대신해 준다. 청소와 관리까지 자동화할 수 있으며, 비대면 운영으로 사업자의 노동력 투입이 최소화된다.

✔ 공간임대사업은 기술력이나 숙련도가 필요 없는 '공간을 파는 사업'이다. 게스트의 취향이 다양해 동일 상권에서도 경쟁이 지나치게 격화되지 않고, 가격보다 개성과 분위기가 더 큰 차별 요소가 된다.

✔ 도어락 비밀번호 관리, 청소 일정, 소모품 정산 등이 모두 비대면으로 진행된다. 특히 한국의 도어락 문화와 디지털 인프라 덕분에 자동화 수준이 매우 높다.

지속 가능성과 확장성을 위한 레벨 1~4

공간임대업에 도전하는 사람은 크게 세 부류로 나뉜다. 첫 번째는 처음에 시도해 보기는 하지만 자신의 성격이나 적성과 잘 맞지 않거나 이익 측면에서 성과가 없어 곧 그만두는 사람이다. 두 번째는 어느 정도 수익도 올라 꾸준히 하기는 하지만 두세 개 정도에서 머무는 경우다. 마지막 세 번째는 정말 큰 흥미를 느껴 아예 평생의 사업으로 삼고자 하는 사람이다.

물론 나는 아주 전형적인 세 번째 유형이라고 할 수 있다. 이 책을 읽는 독자들도 앞으로 이 세 부류 중 하나가 될 것이다. 다만 나처럼 장기적으로 인생을 꾸려 나가는 하나의 사업으로 삼기 위해서는 초창기부터 어느 정도 체계적인 접근이 필요하다. 어떤 일을 하든 초기에 어떻게 세팅하고 진행하느냐에 따라 얻는 경험이 달라지고, 이 경험이 쌓이면서 장기적인 사업적 비전을 세우고 그에 알맞은 훈련을 할 수 있기 때문이다. 만약 레벨 3까지만 이룰 수 있다면 아마도 '성공적인 공간임대사업자'라고 칭해도 무리가 없을 것이다.

LEVEL 1.
초기 1호점 확보를 통한 현금 흐름 형성

처음 창업을 하는 사람이라면 누구라도 불안감을 느끼지 않을 수 없다. 따라서 이때는 리스크를 최소화하면서 비록 적은 금액이라고 하더라도 안정적인 수익을 창출할 수 있는 구조를 우선 만들어야 한다. 이렇게 하면 일단 현금 흐름이 확보되면서 심리적인 안정감을 느끼게 되고, 장기적으로는 종잣돈을 확보할 수 있다는 희망을 키워나갈 수 있다.

첫 시작 단계에서는 삼삼엠투를 통해 규모가 작은 원룸이나 투룸, 소규모 오피스텔 1호점을 개업해 경험을 쌓는 일에 집중해야 한다. 특히 전 과정을 반복적으로 해 보아야 한다. 예약 관리, 고객 응대, 청소 등을 일련의 시스템으로 만들어 자동화된 운영을 해야 하고, 이를 통해 시간과 에너지를 아끼는 법을 배워야 한다. 이 과정을 2~3개월 정도 하다 보면 누구라도 익숙해질 수 있을 것이다. 충분히 노하우가 쌓였다고 생각하면 2~3호점을 개업해, 매월 최소 100만 원에서 최대 200만 원 정도의 현금 흐름을 만들 수 있다.

조금 더 장기적인 성장을 꾀하는 사람이라면 '권리금 매도 전략'도 염두에 둘 필요가 있다. 이 전략은 매월 얻는 순이익의 약 12배 수준의 권리금을 받고 다른 사업자에게 운영권을 양도하는 방식이다. 예를 들어 한 원룸에서 50만 원의 순이익이 발생한다면, 약 600만 원 정도의 권리금을 받고 넘길 수 있다. 에어비앤비의 경우 1,500~2,000만 원 정도의 권리금을 받을 수 있기 때문에 꽤 큰 금액을 받을 수 있다. 이렇게 확보된 금액은 다음 단계로 도약하기 위한 확실한 종잣돈이 된다. 물론 별도의 여유 자금이 충분하다면 굳이 권리를 넘기지 않고 기존 운영을 유지하면서 동시에 다호점을 준비하는 방법도 가능하다.

LEVEL 2.
외국인 대상 플랫폼으로 확장

두 번째 단계는 이른바 '사업 다각화'라고 말할 수 있다. 물론 삼삼엠투에서도 외국인을 받을 수는 있지만, 외국인 수요가 훨씬 더 많은 본격적인 에어비앤비에 도전해 보는 일이다. 외국인들을 대상으로 하는 경우에는 트렌드에 좀 더 민감하기 때문에 그간 자신이 쌓은 능력을 보다 성장시킬 수 있다.

예를 들어 한국을 찾는 외국인의 경향도 시기에 따라 조금씩 달라지고, 계절에 따라 차이가 있다. 봄과 가을에는 도심 근처의 문화 체험이 가능한 숙소가 인기를 얻고, 여름에는 해변이나 야외 활동이 가능한 지역으로 수요가 이동한다. 또한 한류 콘텐츠나 축제, 지역별 행사 일정에 따라 특정 지역이 갑자기 주목받기도 한다.

이런 흐름을 관찰하다 보면 사업 감각을 조금 더 기를 수 있으며, 곁에서 보는 사람은 전혀 모르는 알찬 지식까지 얻게 된다. 삼삼엠투의 경우에는 보통 1주 이상 임대이고, 여기에 일과 관련될 가능성이 많아서 트렌드와는 큰 관련이 없을 수 있다.

또한 삼삼엠투로 시작하는 LEVEL 1에서는 '가성비 중심의 안정적 운영'을 목표로 하지만, 외국인을 대상으로 하는 LEVEL 2의 보다 확장된 단계에서는 '경험 중심의 공간 기획'을 시도해 볼 수 있다. 외국인이 좋아할 만한 포토존 인테리어, 지역의 감성을 담은 소품, 맞춤형 환영 메시지 등 작은 디테일 하나하나가 모두 경쟁력이 된다.

특히 이 단계로 진입했을 때 얻는 가장 큰 장점은 임대 공간 한 곳당 얻는 수익의 상승이다. 삼삼엠투의 경우 한 달 순수익이 50~70만 원 수준이라면, 에어비앤비는 150만 원 이상으로 늘어날 수 있다. 이러한 재미를 쏠쏠하게 맛보면 임대업과 숙박업에 좀 더 큰 흥미를 느낄 수 있을 것이다.

다호점 + 대형 물건

세 번째 단계는 이제까지의 과정을 반복적으로 실행하면서 다호점 운영과 대형 물건에 도전하는 단계이다. 우선 다호점이라고 하면 최소 10개 이상의 임대 공간을 직접 운영해 보는 것을 말한다. 이 정도 규모가 되면 단순히 숙소를 관리하는 수준을 넘어 마치 작은 기업처럼 운영 시스템을 갖추는 것을 의미한다. 그리고 대형 건물은 여러 지역에 분산된 소규모 숙소를 각각 운영하는 것이 아니라, 다가구주택이나 중소 규모의 신축 원룸 건물을 통째로 임대하거나 구매해 통합 관리하는 방식을 뜻한다. 앞 단계들을 충분히 거쳐 왔다면, 초기 세팅 과정은 예전처럼 부담스럽지 않을 것이다. 숙소의 인테리어, 촬영, 플랫폼 등록, 운영 매뉴얼 구축 등 모든 절차가 이미 손에 익은 일상 업무처럼 느껴질 것이기 때문이다.

이뿐만 아니라 한 건물 내에서 여러 객실을 운영하면 관리 효율성이 눈에 띄게 높아지고, 인력 운용과 비용 구조도 단순해지는 것은 물론 비용도 절약할 수 있다. 또 LEVEL 3에서는 공간을 합법적인 범위 내에서 분할하거나 구조를 변경하여 활용도를 극대화할 수 있는 여지도 생긴다. 즉, 한정된 면적 안에서 더 많은 객실을 확보하거나 손님 유형에 따라 공간을 다양하게 구성할 수도 있다. 이러한 방식은 수익률을 높이는 동시에 장기적인 성장 계획을 세우는 데에도 큰 도움이 된다. 결과적으로 '규모의 경제'가 실현된다고 볼 수 있다.

다만 이 단계에 도달하기 위해서는 LEVEL 1~2 단계에서 꾸준히 현금 흐름을 확보하고 종잣돈을 모아야만 한다. 그래야 대형 건물에 투자하고 안정적인 시스템을 구축할 수 있는 기반이 마련된다. LEVEL 3의 궁극적인 목표는 단순히 매출을 늘리는 것이 아니라 안정적이고 지속 가능한 운영 구조를 만드는 것이다. 이때부터는 개인의 용돈벌이나 '제2의 월급' 수준이 아니라 외형이 완전히 갖추어진 사업이라고 봐도 무방하다.

LEVEL 4.
펜션, 모텔, 호텔, 상가 등

마지막 단계는 가히 '탑티어'라고 부를 수 있다. 대규모 상업용 물건 운영을 통해 수익성과 안정성을 모두 확보하면서 이제 '공간임대업의 최정상 사업가'로 자리매김하는 단계라고 할 수 있다. 핵심은 펜션, 모텔, 호텔 등 대규모 숙박시설로 확장해 본격적으로 상업용 부동산을 운영하는 단계이다. 이후에는 완전히 자신만의 브랜드를 내세워 독립적인 프랜차이즈 숙소로 전환하고 확장해 나갈 수 있다.

물론 이렇게 하기 위해서는 초기 투자비용이 적지 않기 때문에 먼저 안정적인 현금 흐름 확보와 철저한 시장 조사가 필수적이다. 또한 단순히 공간임대 수준의 고객 서비스와 시설에서 한층 격이 높아진 차별화된 전략이 필요하다.

물론 마인드에 따라 이렇게까지 사업을 확장하고 싶지 않은 사람도 있을 수 있다. 하지만 정말 사람 일은 모르는 법이다. 나 역시 처음 공간임대업을 할 때는 이 일로 인해 회사를 그만두고 평생의 사업이 될 줄은 꿈에도 몰랐다. 그 뿐만 아니라 그저 4~5개만 잘 운영된다고 하더라도 더 이상 바랄 것이 없다고 생각했다. 하지만 3년이 지나고 5년이 지나면 더 큰 미래를 꿈꿀 가능성이 커진다.

비법 노트 핵심 정리

✔ 사업자는 크게 세 부류로 나뉜다. 시도했지만 곧 중단하는 사람, 소규모로 유지하는 사람, 평생 사업으로 확장하는 사람으로. 장기적 성공을 위해서는 초기부터 체계적인 세팅과 경험 축적이 필수적이다.

✔ 소형 원룸 운영으로 현금 흐름을 만들고, 에어비앤비로 사업 다각화를 시도하며, 다호점과 대형 물건으로 확장해 '규모의 경제'를 실현한다. 단계별로 자동화, 공간 기획, 관리 효율성 등을 높이며 안정적 성장 기반을 마련한다.

✔ 최종 단계에서는 펜션·호텔 등 상업용 숙박시설로 확장해 브랜드 숙소를 운영하고, 프랜차이즈 형태로 발전시킨다. 초기에는 단순 부업이라 생각해도 경험이 쌓이면 자연스럽게 더 큰 비전과 사업적 꿈으로 이어진다.

PART 2

'퇴근 이후의 시간'을 활용해 '퇴사 이후의 삶'을 만들어 가자

━━━━━━━ 공간임대업은 장점이 매우 많은 사업임에는 틀림없지만, 그렇다고 진입

장벽이 전혀 없는 사업이라고 보기는 힘들다. 가장 중요한 것은 바로 전대차 계약이다.

'내가 임대한 공간을 다른 사람에게도 임대하겠다'는 사실을 집주인에게 고지하고 이를

구체적으로 명시하는 것이 전대차 계약이다. 사실 관리만 잘한다면 전대차 계약은 아무

런 문제가 없지만, 문제는 집주인들이 괜한 오해로 인해 편견을 가질 수도 있다는 점이

다. 따라서 이 문제를 해결하는 것이 관건이다. 다만 여기에도 적절한 방법이 있으니 너

무 염려할 필요는 없다. 또한 사업을 시작할 때 숙박업과 임대업의 차이에 대한 법적 지

식도 어느 정도는 갖춰야 한다. 그래야만 법적인 문제 없이 마음 편히 사업을 할 수 있기

때문이다.

숙박업과 임대업의 차이, 그리고 각 플랫폼의 장단점

가장 대표적인 숙박 관련 플랫폼은 에어비앤비이고 단기임대 대표 플랫폼은 삼삼엠투이다. 겉으로는 둘 다 공간을 빌려주고 게스트가 숙박을 한다는 점에서는 비슷해 보이지만, 법적으로는 완전히 다른 범주에 속하는 사업이라고 할 수 있다. 따라서 이 부분에 대한 인식이 미비하면 사업 중간에 문제가 생길 수 있어 애초에 개념을 완전히 정립해야 한다.

그리고 각 플랫폼의 장단점도 면밀히 알고 있어야 한다. 플랫폼마다 표방하는 콘셉트가 조금씩 다르기 때문에 타깃 층도 미묘하게 달라지고, 수수료도 다르게 책정되어 있어서 이에 따라 자신의 수익률도 달라진다.

숙박업과
단기 임대업의 차이

에어비앤비는 공중위생관리법과 관광진흥법에 근거한 '숙박업'이며, 삼삼엠투는 민법과 상가건물임대차보호법에 따른 '단기 임대업'에 해당한다. 일단 이 점만 보더라도 에어비앤비와 삼삼엠투는 각각 다른 법의 적용을 받는 완전히 다른 업종이라고 볼 수 있다.

숙박업은 모텔이나 호텔을 생각하면 쉽다. 1일 단위로 체류할 수 있으며, 청결한 숙박 환경과 위생을 위해 비누나 수건, 샴푸, 침구류, 물컵 등의 위생용품을 기본적으로 제공할 수 있다. 다만 에어비앤비는 관련 법에 의거해 규제를 계속해서 강화해왔다. 2024년 10월부터는 영업신고증을 통한 사업자등록증 발급을 요구했고, 2025년 10월부터는 이러한 사업자등록증이 없는 물건들은 플랫폼에서 삭제되기 시작했다. 과거에는 이 부분이 미흡해 흔히 말하는 '불법 에어비앤비'가 많았던 점에 비하면, 보다 체계적으로 시장 질서가 잡혀가고 있다.

반면 삼삼엠투는 숙박 서비스를 제공한다기보다 '일정한 공간을 단기적으로 임대한다'는 개념으로 보면 된다. 따라서 별도의 숙박업 신고는 필요 없으며, 사업자등록증만으로 운영이 가능하다. 다만 현재의 법적 규정에는 일종의 '회색 지대'가 있어서 사업자등록증이 아닌, 개인 자격으로도 운영이 가능하다. 하지만 그렇다고 세금을 내지 않는다는 의미는 전혀 아니다. 사업자등록증이 없더라도 세금은 반드시 내야 하며, '사업소득'이 아닌 '기타소득'으로 신고하면 된다.

다만 한 군데 이상의 매물을 확보해 본격적인 임대 사업을 하는 경우라면, 그때부터는 사업자등록증을 내는 것을 권장한다. 법적으로 '연속적인 소득'이 발생할 때는 사업자등록증이 필요하기 때문이다.

또한 단기 임대업의 경우에는 규정상 위생용품을 제공해서는 안 된다. 다만 규정과는 다르게 관행적으로 제공되고 있는 모습을 볼 수 있다. 단기 임대업은 숙박업과 달리 1일 단위로는 체류할 수 없으며, 최소 1주일 이상 체류해야만 한다.

또 하나 중요한 차이점은 에어비앤비의 경우 원룸으로는 운영할 수 없으며, 반드시 투룸 이상의 구조를 갖춰야 한다는 점이다. 보통 다가구주택, 다세대주택, 단독주택에서만 숙박업 등록이 가능하다. 과거에는 지자체에 따라서 20~30년 이상 된 건물에서는 영업을 할 수 없는 노후연한 제한이 있었지만 이 역시 2025년 10월에 풀려서 이제 제한 없이 운영할 수 있다. 다만 안정성을 입증해야 한다는 전제가 붙어 있다. 반면 삼삼엠투는 원룸에서도 얼마든지 가능하며, 따라서 일반적인 소형 평수의 오피스텔이나 원룸 단지에서도 운영할 수 있다.

에어비앤비든 삼삼엠투든, 본인이 집주인이 아니라면 반드시 집주인의 동의를 얻어야 하며, 이에 따라 전대차 계약을 해야 한다. 전대차(轉貸借)란 '빌린 것을 다시 빌려준다'는 의미이다. 기존의 부동산 임대차 계약서에 "전대차를 허락한다."는 문구를 명기해야 한다.

물론 이러한 전대차 계약 없이 임대 공간을 운영할 수도 있다. 집주인이 하루 종일 자신이 임대한 집을 관찰하면서 전대차를 하는지, 혹은 며칠 단위로 체류하는지를 감시할 리는 없기 때문이다. 그래서 전대차 계약을 하지 않아도 사업을 할 수는 있지만, 문제는 그것이 엄연한 계약 위반이라는 점이다. '불법'이라고까지는 할 수 없지만, 그럼에도 계약 위반 사실이 추후라도 발각되면 언제든 계약 해지를 당할 수 있으며, 그에 따른 불이익은 본인이 오롯이 감당해야 한다.

플랫폼의 세 가지 층위

플랫폼을 보자면 크게 네 가지 층위가 있다. 각각 체류 형태와 주요
게스트, 내외국인의 비율 등을 표로 나타내면 다음과 같다.

플랫폼 이름		주요 게스트	비율
에어비앤비 (부킹, 아고다 등)		한국인 및 외국인 단기 숙박	외국인 60 : 한국인 40
삼삼엠투 (리브애니웨어 등)		한국인 및 외국인 1주일 이상 임대	외국인 10 : 한국인 90
실증 특례	미스터멘션	한국인 및 외국인 단기~장기 숙박 (에어비앤비와 MOU를 맺은 관계)	.
	위홈		
엔코스테이		외국인을 위한 단기임대 플랫폼	외국인 100

이 표에서 알아두어야 할 것은 바로 '실증 특례'라고 하는 것이다. 미
스터멘션과 위홈은 에어비앤비의 완화된 버전이라고 말할 수 있고, 실
증 특례를 통해 내국인을 180일간 받을 수 있다.

실증 특례는 정부가 일정하게 숙박을 허용해주는 특별한 절차를 의
미한다. 또 단독이나 다가구 주택에서는 세대 동의가 필요하지 않지만,
다세대, 아파트 등에서는 세대 동의가 필요하다.

실증 특례를 신청하는 방법은 그리 어렵지 않다. 일정한 조건을 갖춘 후 신청하면 미스터멘션 직원들이 실사를 오고 이에 합당하면 문제없이 받을 수가 있다. 실증 특례 물건의 경우 운영 기간은 180일, 6개월로 한정되어 있으며 현재는 서울과 부산에서만 운영이 가능하다. 하지만 꼭 6개월만 운영하고 사업을 접어야 하는 것은 아니다. 명의를 이전하면 기간을 계속 늘려서 사업을 이어갈 수 있기 때문이다. 따라서 함께 일하는 크루나 가족, 지인의 명의를 통해 미스터멘션에서 임대 사업을 지속할 수 있다.

다만 아직 인지도가 그리 높지 않아 트래픽이 다소 약하다는 점이 단점으로 지적된다. 수수료 차원에서도 플랫폼별로 차이가 있다. 에어비앤비는 공간임대사업자인 호스트에게 수수료 3%를 받고, 삼삼엠투는 3.3%를 받는다.

삼삼엠투와 에어비앤비의 또 다른 차이점은 인원에 따른 추가 수익이다. 삼삼엠투의 경우 보통 1~2인이 많기 때문에 추가 요금 발생이 많지 않지만, 에어비앤비는 가족 단위의 외국인 관광객도 꽤 있다. 따라서 4인 이상이면 추가 요금을 통해 수익을 높일 수 있다. 기왕 에어비앤비를 운영한다면 쓰리룸을 통해 더 높은 수익을 올리는 방법도 고려해볼 수 있다.

✔ 에어비앤비는 공중위생관리법과 관광진흥법에 따른 '숙박업', 삼삼엠투는 민법과 상가건물임대차보호법에 근거한 '단기 임대업'이다. 숙박업은 1일 단위 숙박과 위생용품 제공이 가능하지만, 단기 임대업은 위생용품을 제공할 수가 없다.

✔ 에어비앤비, 부킹닷컴, 아고다는 외국인 중심의 숙박업 플랫폼이며, 삼삼엠투는 내국인 중심의 임대 플랫폼이다. 미스터멘션은 특례 실증 신청을 통해 내외국인 모두가 1박 이상 에어비앤비 플랫폼에서 숙박을 받을 수 있으나 운영 기간이 180일로 제한된다.

✔ 에어비앤비는 4인 이상의 외국인이 계약한다면 추가 요금으로 수익을 올릴 수 있다.

각 플랫폼에 따른
입지 선정의 실제 노하우

임대 공간 확보에서 가장 중요한 것은 단연 '입지'라고 할 수 있다. 간단히 요약하면 '지하철역 도보 10분 이내'가 최적의 입지라고 봐도 무방하다. 접근성과 이동성이 매우 좋고, 인근에 각종 생활 편의시설이 모여 있기 때문이다. 하지만 여기에 지나치게 기계적으로 얽매일 필요는 없다. 입주자들은 생각보다 다양한 요인에 따라 임대할 공간을 선택하기 때문이다.

따라서 '지하철역 도보 10분 이내'를 기본으로 하되, 다른 다양한 요인도 함께 고려해 입체적으로 볼 필요가 있다. 또한 에어비앤비와 삼삼엠투 역시 입지 선정에서는 다소 다른 포인트가 존재한다. 외국인과 내국인의 거주 목적과 주요 활동에서 분명한 차이가 있기 때문이다.

에어비앤비,
접근성과 이동성이 중요

입지 선정에서 가장 주목해야 할 곳은 바로 지하철 2호선 라인이다. 내국인이든 외국인이든, 2호선을 통해 서울 및 경기도 전역으로 뻗어나갈 수 있고, 관광지 접근성도 매우 좋다. 강남, 마포, 영등포, 홍대, 합정, 종로, 동대문, 그리고 한강이 인접한 뚝섬과 성수가 핵심 지역이다. 또한 외국인들이 많이 찾는 명동과 이태원으로도 쉽게 이동할 수 있다. 특히 한국의 지하철 시스템이 잘 되어 있다는 점은 외국인들에게 널리 알려져 있기 때문에, 그들은 대부분 지하철역을 중심으로 임대할 공간을 선택한다.

그런데 역세권도 두 종류로 나뉜다. 메인 라인은 큰 도로 인근을 말하고, 세컨드 라인은 이면도로나 골목 안쪽을 의미한다. 흔히 '주택가' 혹은 '골목 상권'이라고 불리는 곳이기도 하다. 접근성만 놓고 보면 메인 라인이 가장 좋지만, 임대료가 비싸고 자동차와 유동 인구가 많아 소음이 발생할 수 있다는 단점이 있다.

반면 세컨드 라인은 비교적 조용하고 임대료가 상대적으로 저렴하다. 특히 요즘은 대부분의 외국인이 스마트폰의 지도 앱을 통해 이동하기 때문에, 세컨드 라인이라고 해서 접근성이 떨어진다고 여기지 않는다. 따라서 지하철 역세권에서 임대 공간을 찾을 때는 메인 라인과 세컨드 라인을 구분해 생각하고, 주변 환경과 임대료를 종합적으로 고려하면 된다.

만약 역세권에서 도저히 찾기 어렵다면, 그때는 '차별화된 콘셉트'를 장점으로 내세울 수 있는 곳을 찾아야 한다. 예를 들어 주변에 야산이 있다면 '마운틴 뷰'로 소개하거나, 재래시장이 있다면 '한국 로컬 마켓 체험'을 강조할 수도 있다. 요즘 외국인 관광객들은 한국의 로컬 문화에도 관심이 많기 때문에 충분히 어필할 수 있다. 또한 공간 기획이나 인테리어를 강조하는 방법도 있다. 이러한 방식들은 모두 다양한 포인트를 활용해 역세권이 아닌 지역의 약점을 보완하는 전략이다.

입지에서 또 하나 중요한 점은 바로 리무진 버스와 공항철도 라인이다. 이러한 지역은 공항 접근성이 매우 좋아 외국인 관광객의 선택에 큰 영향을 미친다. 일부 외국인은 역세권보다 오히려 공항 접근성을 더 중요하게 여기기도 한다. 따라서 '무조건 역세권만이 정답이다'라고 생각할 필요는 없다.

삼삼엠투,
역세권보다 업무 위주

내국인을 주로 대상으로 하는 삼삼엠투의 경우 외국인과는 다소 다른 포인트들이 선택의 주요 요인이 될 수 있다. 물론 역세권의 중요성은 기본이지만, 장기 임대 수요를 중심으로 생각해야 한다. 예를 들어 SRT 역 주변이나, 이제 막 사람들이 몰리기 시작하는 신도시 등도 수요가 꽤 많으며, 주변에 대형 병원이나 관공서 등이 있는 지역도 좋은 입지라고 할 수 있다.

특히 병원 근처의 수요에 주목할 필요가 있다. 병원 인근에는 간호사, 간호 실습생 등 상주 인력이 있을 가능성이 높다. 특히 실습생의 경우 병원 근처에서 2~3주 정도 머물며 출퇴근하는 사람이 상당히 많다. 따라서 삼성서울병원, 서울아산병원을 비롯한 대학병원 주변을 주목할 만하다. 또한 암 환자와 보호자를 중심으로 한 수요도 있다. 방사선 치료나 약물치료, 수술 등을 받을 때 치료와 요양 기간이 한 달 이상인 경우가 많다. 따라서 보호자가 거주해야 할 필요가 있으며, 장기 치료의 경우 병원 근처 숙소가 필요한 사례도 있다. 이뿐만 아니라 지방 환자의 경우에도 서울의 병원에서 치료받기를 원하기 때문에 자연스럽게 임대 공간을 찾게 된다.

다만 병원만 볼 것이 아니라 인근 직장과의 접점을 함께 고려할 필요가 있다. 인천이나 김포공항 근처라면 승무원을 비롯해 많은 사람이 공항 인근에서 일하며 머물 곳을 찾기도 한다. 또 인근에 식당가나 대형 마트가 있는 지역도 같은 이유로 장·단기 임대 수요가 발생할 수 있다.

재건축이 진행 중인 지역 또한 수요가 있다. 재건축에는 시간이 오래 걸리기 때문에 임시로 거주하려는 사람이 많기 때문이다. 나 역시 과거 재건축으로 인해 3주 정도 임대 공간을 렌트해 거주한 적이 있다. 따라서 재건축 지역은 물론, 여러 이유로 이동이 잦은 특정 지역의 공간임대 사업도 충분히 고려해볼 만하다.

가끔 수강생 중에는 "지방에서 시작해도 되나요?"라고 질문하는 분도 있다. 지방의 경우 서울과 달리 다양한 조건이 종합적으로 고려되지 않는다는 점을 염두에 둘 필요가 있다. 자동차 이동이 많기 때문에 지하철 역세권의 중요성은 상대적으로 낮으며, 대신 휴양지나 관광 명소, 회사 밀집 지역이나 산업단지 등의 요인이 크게 작용한다. 따라서 지방의 경우에는 '해도 되는 지역'과 '해서는 안 되는 지역'이 매우 명확히 구분된다. 가능성이 명확하지 않은 지역이라면, 대체로 서울이나 경기도 등지에서 임대업을 하는 것이 훨씬 유리하다.

✔ 공간임대사업의 핵심은 입지이며, 기본적으로 '지하철역에서 도보 10분 이내'가 이상적이다. 그러나 여기에만 집착하지 말고, 주변 환경, 임대료, 접근성 등을 함께 고려한 입체적 판단이 필요하다.

✔ 외국인 관광객은 이동성과 교통 접근성을 가장 중시하기 때문에 홍대, 종로, 동대문, 이태원, 강남역 등 주요 역세권이 유리하다. 다만 메인 라인보다 조용한 세컨드 라인, 공항 리무진 노선 등도 수요층에 따라 경쟁력이 있을 수 있다.

✔ 내국인 장기 체류자는 교통도 보지만, 생활 편의성 등 실수요 요인을 더 중요하게 본다. SRT역, 병원·산업단지 인근, 재건축 지역 등 장단기 체류 수요가 확실한 지역이 유망하며, 지방은 입지 요건이 명확한 곳만 선택해야 한다.

전대차 계약, 지속가능한 수익을 위한 진입 장벽 뚫기

어떤 의미에서 우리의 사업은 본질적으로는 '전대차 사업'이라고 볼 수도 있다. 자신이 집주인이 아니라면, 결국 집주인에게 임대를 한 후, 그것을 다시 임대하는 것이기 때문이다. 앞에서도 언급했지만, 이러한 방식의 비즈니스를 하기 위해서는 집주인과 전대차 계약을 별도로 해야만 한다. 그런데 여기에서 한 가지 딜레마가 발생한다. 만약 집주인에게 '전대차 계약'이라는 말을 꺼내면 거의 대부분 거절한다는 점이다. 매물 자체를 확보하지 못하는 난감한 상황에 처하고 사업을 시작조차 못 하게 된다.

반면 굳이 전대차 계약을 작성하지 않더라도 큰 문제 없이 그럭저럭 사업을 해 나갈 수도 있다. 계약 위반이기는 하지만 누군가 피해자가 생기지 않기 때문에 그리 심각하게 다뤄지지 않기 때문이다. 따라서 이런 상황이라면 누구라도 '집주인에게 말하지 않고 임대업하기'라는 것에 유혹당하지 않을 수 없다. 하지만 나는 이러한 방법은 절대로 권하지 않는다. 불안한 요소를 안고 사업을 시작하는 것임은 물론이고, 향후 계속되는 사업 확장에 있어서도 부정적인 영향을 미치기 때문이다.

전대차 계약

특약사항
1. 현 시설물 상태에서 임대하며 시설물파손시 원상복구키로 함.(단,자연마모제외)
2. 등기사항전부증명서상 하자 및 융자 없음
3. 사업자로 임대하며,부가세는 별도임.(임대인은 세금계산서 발행)
4. 중요시설물은 임대인이 수리하고 소모품은 임차인이 수리하기로 한다..
5. 임차인은 세대 내에서 흡연과 애완동물 사육 금지키로 하며, 하자 발생시 변상하기로 한다.
6. 임차인은 중도해지시 중개보수를 부담키로 한다.
7. 임대인은 전대차에 동의하며 임차인은 모든 책임을 진다.

[특약사항]
* 본 계약 당사자들은 계약에 필요한 개인정보제공 및 활용에 동의하기로 한다.

1. 현 시설물 상태에서 임대차한다.(붙박이장, 냉장고, 세탁기, 티비, 전기렌지 있으나 가전제품 고장시 수리의무 없음)
2. 임차인은 건물관리규정을 준수키로 하며, 관리비는 임차인이 부담한다.
3. 임차인은 본 오피스텔을 깨끗하게 사용하기로 하며, 파손시는 원상복구하기로 한다.
4. 임대인은 임차인의 전대차에 동의한다. 단, 전대차로 인한 문제발생시 모든 책임은 임차인이 부담하는 것으로 한다.

현명해 보이기는 하지만,
지속가능성이 없는 방법

법에는 늘 빈틈과 허점이 있게 마련이다. 물론 이를 악용해서 누군가에게 피해를 주는 일은 절대로 해서는 안 되겠지만, 공간임대업에서 전대차 계약을 하지 않는다고 하더라도 누군가가 피해를 보는 일은 없다. 피해자가 있다면 정작 그 사실이 발각되었을 때 집주인에게 계약을 해지당하는 자신일 뿐이다. 물론 집주인의 입장에서라면 "나에게 말도 하지 않고 왜 재임대를 하느냐?"라며 괘씸함을 느끼는 것이 피해라면 피해일 수도 있다. 하지만 그렇다고 집주인의 재산이 훼손당하거나 금전적으로 문제가 생기는 것도 아니다.

물론 공간임대업을 하는 입장에서도 할 말은 있다. 보증금을 안 내는 것도 아니고, 월세를 때맞춰 내지 않는 것도 아닌데, 대부분의 집주인은 '전대차 계약'이라는 말을 들으면 손사래부터 치기 때문이다. 설사 게스트가 어떤 문제를 일으켰다고 하더라도 모든 책임은 계약 당사자인 나 자신이 온전히 질 준비가 되어 있다. 그럼에도 굳이 전대차 계약을 해주지 않는 것 역시 합당해 보이지 않는 것도 사실이다. 이런 상황에서라면 오히려 집주인에게 말하지 않고 사업을 하는 것이 오히려 더 현명한 일이 아니냐는 생각이 들 수 있다.

실제로 모 플랫폼의 담당자와 이야기를 해보면, 약 80% 이상의 사업자들이 전대차 계약 없이 사업을 하는 것으로 추정되고 있다. 물론 이렇게 하는 이유도 충분히 이해는 간다. 처음 한두 번 전대차 계약 이야기를 꺼냈다가 거절당하고, 그런 일이 계속되면 누구라도 자존감에 심한 상처를 입기 때문이다. 한두 번 거절당하더라도 성공 확률이 점점 높아진다면 모르겠지만, 열 번 중 아홉 번은 거절을 당하는 것이 일반적이고, 심지어 열 번의 시도에서 열 번 모두 거절을 당할 수도 있다. 이런 상황이라면 임대 사업으로 돈을 버는 것은 오히려 나중 문제가 되고 "못 해 먹겠다!"는 말이 절로 나오게 된다.

하지만 나는 이제까지 단 한 번도 전대차 계약 없이 임대 사업을 하지 않았고, 또 나의 교육생 중 일부가 전대차 계약을 뛰어넘고 그냥 사업을 하면 안 되겠냐는 말을 할 때도 "절대로 그렇게 해서는 안 된다."는 점을 여러 번 강조한다. 그런데 이는 단순히 '사업을 하려면 정정당당하게 하라'거나 혹은 '조금의 리스크라도 있으면 안 되지 않겠냐'는 단속의 차원이 아니다.

의욕이 강할 때
진입 장벽을 뚫어라

전대차 계약을 하는 일은 공간임대사업의 가장 핵심적인 노하우를 획득하는 것이며, 지속가능성을 실현해낼 수 있는 자신만의 역량을 매우 단단하게 쌓는 것이기 때문이다. 이뿐만 아니라 이 전대차 계약이라는 진입 장벽에서 포기하는 예비 임대업자들이 많다는 점에서, 이것을 해낸다는 것은 일찌감치 경쟁자들을 저 멀리 따돌리는 일이나 마찬가지다. 따라서 시작부터 경쟁력을 갖추는 일이라고 볼 수 있다.

따라서 초기부터 전대차 계약에 정면으로 도전해야만 한다. 처음부터 편법에 의존하고 혹시 발각되어 계약을 해지당할 수 있다는 마음이 조금이라도 있으면, 자신이 하는 일에서 불안감을 느낄 수밖에 없다. 더 나아가 이런 상태에서는 과감하게 확장해 나가려는 적극적인 자세가 현저하게 위축될 수밖에 없다.

예를 들어 현재 자신이 하는 돈벌이가 어느 날 전혀 예상치 못한 상태에서 갑자기 집주인에 의해서 '강제 종료' 당한다고 생각해 보라. 황당한 것을 넘어 상당한 충격을 느끼지 않을 수 없다. 거기다가 극히 일부의 경우이기는 하지만, 집주인으로부터 소송을 당하는 경우도 있다. 따라서 처음에 집주인에게 말하지 않고 임대 사업을 하면 손쉽게 돈을 벌 수는 있을지 몰라도, '장기적으로 할 수 있는 나만의 사업'이라는 확신이 강하게 서지 않게 된다.

어떤 사업이든 처음 시작할 때 의욕이 가장 강한 법이다. 따라서 전대차 계약에 대한 의욕은 처음부터 불태우는 것이 훨씬 효율적이고, 이렇게 한 번 장벽을 뚫으면 자신감이 붙으면서 계속 밀어붙일 수 있게 된다. 그 결과 사업에 대한 불안감이 사라진 안정적인 상태에서 5개, 10개의 매물 확보를 향해 박차를 가할 수 있게 되고, 비로소 만족할 만한 수입과 사업의 미래 전망에 대해 확신하는 상태에 이르게 된다.

비유하자면 전대차 계약은 백신을 맞는 일과 마찬가지다. 당장 주삿바늘에 찔려 아픔을 느끼고 일정 기간 후유증도 있을 수 있다. 하지만 한 번 맞으면 평생 특정한 질병에 대해서는 매우 강한 면역력을 가지고 걱정 없이 살 수 있다. 따라서 안정적이고 장기적인 공간임대사업을 위해서는 초기에 전대차 계약에 반드시 도전해야 한다.

다만 이제까지 20여 개의 매물을 운영했던 나의 경험을 응용한다면 마치 난공불락 같은 힘든 일도 아니라는 점에서 과도하게 두려워할 필요는 전혀 없다. 일정한 노하우만 쌓이면 그다음부터는 훨씬 쉬워지는 것이 또한 전대차 계약의 특징이기도 하다.

✔ 공간임대사업의 본질은 '전대차 사업'이다. 10개 이상으로 확장하며 월 1천만 원의 안정적인 수익을 원한다면 집주인과 전대차 계약 체결 역량이 필수다.

✔ 전대차 계약 없이 운영하면 당장은 쉬워 보여도 해지나 분쟁에 대한 리스크로 인해 지속가능성이 없고, 심리적 불안 때문에 확장이 멈춰질 수도 있다. 많은 사람이 그렇게 한다고 절대로 따라 해서는 안 된다.

✔ 초기에 가지는 강한 의욕으로 전대차 계약의 장벽을 정면 돌파할 필요가 있다. 한번 노하우를 익히면 점점 수월해지고, 안정감과 자신감, 그리고 지속가능한 사업이 가능하게 된다.

집주인의 심리와
전대차 계약을 뚫는 비장의 무기

나는 '안 되면 되게 하라'는 말을 별로 좋아하지는 않는다. 그보다는 '안 되면, 되는 방법을 생각하라'가 훨씬 잘 맞는 방법이다. 실제로 뭔가를 될 때까지 무작정 밀어붙이는 일은 상당히 피곤한 일이다. 끊임없이 열정을 퍼 올려야 하기 때문에 쉽게 지치기도 한다. 그보다는 문제가 발생하는 원인을 면밀하게 살펴보고, 스마트하게 해결하는 것이 훨씬 더 지혜로운 일이기도 하다.

전대차 계약도 마찬가지다. 앞에서도 이야기했지만, 전대차 계약은 그 자체로 뭔가 대단한 계약이 아니다. 문구 하나 잘못 쓰면 패가망신한다든지, 혹은 집주인이나 임대인이 큰 피해를 입지도 않는다. 그럼에도 불구하고 전대차 계약이 잘 이루어지지 않는 이유는 집주인의 심리적인 저항감 때문이다. 따라서 이 부분을 잘 연구하고, 이에 대한 대안을 집주인에게 자연스럽게 제시하면, 전대차 계약은 생각보다 쉽게 풀릴 수 있다.

집주인이 펼치는
상상의 나래

논리적으로만 따지자면 집주인이 전대차 계약을 굳이 거절할 이유는 없다. 월세 등 금전적인 부분은 물론이고, 시설에 대해서도 전적으로 임차인이 책임을 지고 있기 때문이다. 따라서 설사 재임대를 해서 문제가 생기더라도 그 책임은 온전히 임차인에게 있다. 따라서 집주인의 입장에서는 임차인이 재임대를 하건, 재재임대를 하건 크게 상관할 바가 아니기도 하다. 하지만 보통은 상상의 나래를 펴는 경우가 대부분이다.

재임차인이 와서 시설을 함부로 사용하지는 않을까, 일부러 훼손하지는 않을까, 소음이 엄청나게 많이 나서 주변에 평판이 나쁘지는 않을까 걱정이 들게 된다. 심지어 자신이 얼굴도 모르는 사람들이 자기 집에 들락날락한다는 것 자체가 꺼림칙하다고 생각한다. 거기다가 이 과정에서 혹여나 법적인 분쟁이 벌어질지도 모른다고 생각하면 더욱 거부감을 가질 수밖에 없다. '괜히 허용했다가 내가 골치 아파지는 거 아니야?'라는 생각 때문이다.

거기다가 임차인이 재임대를 한다는 말은 곧 집주인 입장에서는 손해를 보는 듯한 느낌도 든다. 재임대를 한다는 것 자체가 뭔가 별도의 수익이 생긴다는 이야기인데, 이게 다소 불공평하게 느껴진다는 이야기다. 결국 이러한 여러 가지 요인들이 합쳐져서도 '차라리 비워둘지언정 전대차 계약서는 못 써주겠다'는 결론에 다다르게 된다. 물론 집주인들이 느끼는 이러한 걱정과 불안을 폄하거나 '도대체 왜 그러는지 이해를 못 하겠다'고 여길 필요는 없다. 우리에게 중요한 것은 이러한 부분들에 대해서 어떻게 대안을 제시하느냐일 뿐이다.

내가 주로 사용하는 방법은 일단 '신뢰할 만한 구조를 가진 콘셉트'를 제시하는 일이다. 그리고 이러한 여러 콘셉트 안에서는 어쩔 수 없이 일정하게 재임대하는 부분이 생길 수밖에 없다는 논리를 내세우는 일이다. 예를 들어 '취업 컨설팅 콘셉트'를 제시할 수도 있다. 이럴 때 우선 부동산 사장에게 이렇게 말한다. "나는 취업 컨설팅을 하는 사람이고, 내가 컨설팅을 하는 지방의 교육생들이 자주 서울로 올라오게 된다. 지금 계약하려는 이 집을 그 교육생들에게 숙소처럼 사용하게 하고, 다소 저렴하게 10만 원 정도를 받으려고 한다. 집 계약이 가능하겠는가?"

또 다른 콘셉트로는 유튜브 영상 제작 업체, 쇼핑몰 등이다. "나는 유튜브 영상 제작을 하고 있는데, 직원 2~3명 정도를 고용하고 있고, 밤샘 작업도 자주 있다. 그래서 직원들이 가끔 숙소로 활용하게 하려고 한다.

그런데 나도 월세를 내야 하기 때문에 직원들에게 10만 원씩 받으려고 한다. 이런 방식으로 사용하려고 임대를 하려는데 가능하겠는가?"

이 두 가지 콘셉트에서 다른 것은 취업 컨설팅이냐 영상 제작이냐일 뿐, 사실은 동일한 논리가 전개된다.

▶ 나의 업무상 필요한 사람들이 이곳에서 잠을 잘 수 있다.

▶ 나도 월세를 충당해야 하니까 그들에게 소정의 금액을 받으려고 한다.

다만, 취업 컨설팅과 영상 제작은 하나의 단순한 예시일 뿐, 본인이 구체적으로 알고 있는 비즈니스에 이를 접목하면 될 것이다.

누가 '전대차'라는 말을 꺼내게 할 것인가?

중요한 점은 이런 멘트에서 절대로 말하지 않는 단어가 있다. 바로 '재임대'와 '전대차'라는 말이다. 이 말을 꺼내지 않는 이유는 부동산 사장에게 거부감을 불러일으키지 않기 위해서이다. 하지만 의문이 들 것이다. 전대차 계약을 해야 하는데, '전대차'라는 용어를 꺼내지 않는다고?

안심해도 된다. 이 스토리를 들려주면 부동산 사장이 먼저 "아, 그럴 거면 전대차 계약을 해야 하는데…"라고 말하게 마련이다. 즉, '전대차'

라는 말을 내가 먼저 꺼내지 않고 부동산 사장의 입에서 먼저 나오게 하는 것이라고 볼 수 있다. 부정적인 뉘앙스의 말을 내가 먼저 의도적으로 꺼내는 것과 상대방이 알아서 먼저 꺼내는 것에는 큰 차이가 있다. 당연히 후자가 거부감이 덜 들게 마련이다. 그리고 그때부터 부동산 사장은 조금 더 적극적으로 집주인을 설득하기 시작한다.

이렇게 하는 이유는 집주인과 부동산 사장과의 관계 때문이다. 일단 집주인은 부동산 사장을 믿고 집을 내놓는다. 따라서 집주인의 입장에서는 부동산 사장의 말을 일차적으로 신뢰할 수밖에 없고, 그가 어떻게 말하느냐에 따라서 집주인의 반응도 달라지게 마련이다. 따라서 부동산 사장이 호의적으로 전대차 계약을 권하면 좀 더 쉽게 집주인도 여기에 동의할 가능성이 매우 크다. 따라서 상호 간의 이러한 심리를 최대한 활용하면 전대차 계약이 비교적 쉽게 이루어질 수 있다.

이러한 전 과정이 좀 더 쉽게 이루어지기 위해서는 부동산 사장에게 확고한 믿음을 주는 태도도 필요하다. 일단 옷을 단정하고 품격 있게 입는 것은 물론이거니와 자신의 사업에 대해 확고한 어투로 말해야 하고, "혹여 문제가 생기더라도 모든 것은 당연히 내가 책임진다."와 같은 확신에 찬 멘트도 필요하다. 이렇게 하면 부동산 사장이 일차적으로 임차인을 믿게 되고, 그 믿음을 고스란히 집주인에게 전해 주면서 전대차 계약은 자연스럽게 이루어질 수 있다.

✔ 전대차 계약 거절의 본질은 집주인의 심리적 저항이다. 따라서 콘셉트를 짤 때 본인이 잘 아는 비즈니스를 넣어 논리적으로 제시해야 한다.

✔ 커뮤니케이션 전술이 성패를 가른다고 할 수 있다. '전대차/재임대'라는 단어를 본인이 직접 꺼내지 말고, 먼저 부동산 사장에게 앞의 콘셉트를 설명해서 부동산 사장이 스스로 집주인에게 '임대 진행에 부수적으로 전대차 계약이 필요하다'는 뉘앙스로 제안하게 해야 한다.

✔ 결국 '부동산 사장을 통한 집주인의 설득'이 핵심이다. 따라서 부동산 사장에게 신뢰를 줄 수 있는 태도와 자세를 갖추어야만 한다.

임장의 중요성과 부동산 사장님의 심리

부동산에 대해 조금이라도 공부해 본 사람이라면 '임장'이라는 말이 익숙할 것이다. 한자로 임장臨場은 '현장에 임하다' '현장을 마주하다'라는 의미이다. 사업가들이 흔히 "모든 답은 현장에 있다."라는 말을 하듯이, 공간임대사업에서도 직접 매물을 살피는 이 임장은 매우 중요하다. 다만 임장은 오로지 매물 확보만을 위한 것은 아니다. 수많은 임장 경험은 향후 매물을 보는 감각을 크게 키워주는 것은 물론이고, 부동산 사장들과의 일정한 신뢰 관계를 통해 내 사업의 우군을 확보하는 과정이기도 하다.

또한 임장을 많이 한 사람일수록 더욱 빠르게 사업에 진입하거나 성공을 이뤄낼 수 있다. 그런 점에서 임장은 발품을 파는 힘든 과정일 수도 있지만, 또 다른 측면에서는 성공으로 가는 가장 확실한 디딤돌이 되기도 한다. 다만 임장의 과정에서 주의해야 할 몇 가지 점이 있다.

실력을 갖추기 위해서라도
꼭 해야 할 임장

이제까지 내가 임장을 한 횟수를 다 세어보지는 않았지만, 초창기 2년간 거의 2,000건의 임장을 했다. 한 달에 8번 정도를 나갔고 하루에 10개 정도를 봤으니까 한 달에만 80개의 매물을 본 셈이다. 지금도 여전히 시간이 될 때마다 계속해서 임장을 하면서 매물 확보에 신경 쓰고 있다. 초보자들에게 내가 제일 강조하는 것 역시 바로 임장의 중요성이다.

왜냐하면 임장을 자주, 많이 할수록 계약할 확률이 높아지고, 자연스럽게 성공 확률도 높아질 수밖에 없다. 실제로 여러 교육생 중에서도 제일 열심히 임장을 했던 분들이 가장 좋은 성과를 거뒀고, "이번 달은 너무 바빠서 임장 가기가 힘들어요."라고 말씀하시던 분들은 대체로 사업 시작도 늦어지곤 했다.

특히 임장은 일종의 확률 게임과 같은 특성이 있다. 효율성만 따지자면 한 번 임장을 나가서 3~4개의 매물을 본 뒤에 그중에서 하나를 계약하면 이보다 더 훌륭한 일은 없을 것이다. 하지만 그런 일은 거의 일어나지 않는다. 나의 경험에 비추어 보면 정말로 입지도 좋고 월세도 비교적 저렴한 매물 하나를 계약하기 위해서 20~30개의 매물을 봐야 한다. 따라서 하루에 10개 정도의 매물을 본다면 최소 2~3번 정도의 임장을 가야 한다는 이야기다.

하지만 이런 일이 힘들다고 생각한 나머지, 처음부터 기존 임대 공간을 양도받으려는 사람들도 종종 보곤 한다. 양도양수는 이미 임대업을 위한 모든 계약과 세팅이 다 끝난 매물을 권리금을 주고 사는 것을 말한다. 이렇게 하면 별도의 임장도 필요 없고 힘들게 처음부터 공간을 꾸밀 필요도 없기 때문에 매우 손쉬운 방법인 것처럼 생각된다. 특히 전대차 계약이 이미 끝난 곳이기 때문에 매우 달콤한 유혹처럼 여겨지기도 한다.

양도할 때 지불해야 할 권리금은 1년 치 수익금이다. 삼삼엠투로 70만 원 정도 수익을 얻고 있는 곳을 양도받는다고 하면 840만 원, 150만 원 정도의 수익을 얻는 에어비앤비라면 1,800만 원이라는 돈이 투자되어야 한다. 하지만 나는 처음부터 양도를 통해서 임대 사업에 진입하는 것을 권하지 않는다. 사업 자체는 손쉽게 시작할 수 있을지 모르겠지만, 전반적인 계약의 과정이나 사업의 구조 자체를 경험해 보시 못하기 때문에 오히려 이후의 확장 가능성이 떨어지고, 자체적인 경쟁력도 갖출 수 없게 된다. 따라서 힘들더라도 혼자서 충분히 부딪혀 보는 시간이 필요하다.

임장을 충분히 다녀야 하는 또 하나의 이유는, 그렇게 해 봐야만 해당 지역 인근의 시세를 훤히 알 수 있는 실력과 감각을 갖출 수 있기 때문이다. 그러다 보면 굳이 계산기를 두드려 보지 않고 월세만 들어도 한 달에 얼마의 비용이 남을 수 있는지가 머릿속에서 빠르게 계산된다.

더 나아가 지역에 따른 월세의 기준이 확고하게 생길 수 있다. 예를 들어 'A지역은 월세 70만 원 이하만 계약해야 한다'라거나 'B지역은 50만 원 이상이면 무리다'라는 기준이 생긴다. 지금도 나는 서울은 물론, 수도권 지역의 월세에 대해서는 훤히 꿰고 있을 정도다. 결론적으로 임장을 적극적으로 하면 자신의 매물을 확보하는 것은 물론이고 인근 시세를 알게 되어 초보자에서 전문가로 향하는 감각과 실력, 노하우를 갖추게 된다.

부동산 사장들과 파트너십 형성

임장의 필수 파트너는 부동산 사장들이다. 따라서 그들과의 관계를 잘 유지하고, 좋은 이미지를 남기는 것은 이후 장기적인 임대업을 하기 위해 매우 중요한 요소라고 할 수 있다. 일단 임장을 할 때 절대 주의해야 할 것은 여러 명이 우르르 몰려가서 '공부하러 왔어요~'라는 티를 내면 절대 안 된다는 점이다.

부동산 사장들도 한가한 사람들이 아니라서 실제 계약을 하려는 의지가 적극적으로 보이지 않으면 그 자신도 좋은 매물을 보여주려고 하지 않거나 왠지 소극적이 된다. 그들도 워낙 많은 사람을 만나기 때문에 딱 봐도 어느 정도의 의지가 있는지를 가늠할 수 있다. 따라서 별생각 없이 '어떤 매물이 있는지 보기나 하자'라는 생각보다는 사전에 미리 주변 시세도 확인해 놓고, 인근의 입지를 조사해야 부동산 사장들과 이야기할 거리도 생기게 되고, 그렇게 했을 때 보다 적극적인 계약 의지를 가진 사람으로 보일 수 있다.

또 마음에 드는 매물이 있어서 계약을 하겠다고 말해 놓았다고 하더라도, 부동산 사장의 연락이 오기만을 기다려서도 안 된다. 일정한 시간을 정해 놓고 연락이 오지 않으면 '집주인과 어느 정도까지 이야기가 진행됐는지'를 확인할 필요가 있다. 물론 너무 과도하고 빈번하게 문의할 필요는 없지만, 적절한 확인을 하면 오히려 부동산 사장들에게 '이 사람은 정말 하고 싶구나'라는 이미지를 줄 수 있다. 따라서 부동산 사장들도 좀 더 적극적으로 집주인에게 이야기를 하곤 한다.

또 하나 중요한 점은, 앞으로도 꾸준하게 임대업을 하려고 한다면, 한 번 인연을 맺은 부동산 사장들과의 관계를 꾸준하게 이어가기 위해 노력해야 한다는 점이다. 나 같은 경우는 지금도 가끔 부동산 사장들로부터 '좋은 매물이 있는데 한 번 보겠냐'는 연락이 오곤 한다. 물론 이런 분들이라면 그전에 충분히 신뢰를 쌓았고, 내가 공간임대업을 사업으로 한다는 사실을 이미 알고 있는 사람들이다. 또 내가 운영하는 유튜브도 알려 드리면 내가 얼마나 신뢰성 있게 사업을 운영하는지도 알고 있다.

따라서 이런 분들이라면 내가 하려는 전대차 계약에도 전혀 부담을 갖지 않고 집주인을 적극적으로 설득해 주기도 한다. 가끔 인근을 들를 때면 각종 음식을 사다 드리기도 하는 등 신경을 써야만 한다. 또 이런 분들에게는 계약을 할 때 중개 수수료를 10만 원 정도 더 드리는 등 나름의 비용도 투자하면 좋다. 이렇게 부동산 사장들과 끈끈한 관계를 형성해 놓으면 내 사업을 위한 훌륭한 우군을 확보하고 있다고 볼 수 있을 것이다.

✓ 임장은 '현장에 임한다'는 뜻으로, 공간임대사업의 핵심 과정이다. 단순히 매물을 확인하는 것이 아니라 감각을 키우고, 신뢰할 수 있는 부동산 사장들과 인맥을 구축하는 과정이라고 할 수 있다.

✓ 특히 초보자일수록 많은 임장을 통해 시세 감각과 판단력을 키워야 하며, 양도로 쉽게 시작하는 방식은 권장하지 않는다. 직접 부딪혀 보는 과정에서 계약 구조를 이해하고 지역별 월세 기준을 세우며, 전문가로 성장할 수 있다.

✓ 임장의 핵심 파트너는 부동산 사장들이며, 신뢰와 지속적인 관계가 사업의 성패를 좌우한다. 진지한 태도와 꾸준한 소통, 작은 배려와 보상은 좋은 매물을 우선으로 소개받는 좋은 관계를 만들어 나갈 수 있다.

이제 막 창업한 사람들의 현실 조언

창업을 쉽게 하는 사람은 없다. 설사 여러 번 창업을 해 본 경험이 있다고 해도 마찬가지다. 설렘과 함께 느껴지는 묘한 두려움과 불안감이 있는 것도 사실이다. 이럴 때는 이제 막 창업을 해 본 사람들의 살아 있고 생생한 이야기를 듣는 것이 큰 도움이 된다. 그들의 경험이 이제 곧 내가 겪게 될 경험이기 때문에 그들이 말해 주는 조언은 사전에 스스로 시뮬레이션을 돌려볼 수 있는 소중한 계기가 될 수 있다. 또한 예상되는 어려움이라면 대비해 볼 수도 있어 큰 이득이다.

다음 조언들은 2025년 10월 시점으로 1~2개 정도를 오픈한 30~40대 남성의 완전 초보 실전 경험담을 모은 것이다. 모두 별도의 직업이 있었기에 직장생활을 하고 있었다. 핵심을 요약하자면, '전대차가 다소 힘들었지만, 자신만의 스토리를 만들면 그다지 어려울 건 없었고, 초기 세팅만 끝나면 거의 문제없이 순항하게 된다'라는 점이다. 특히 대부분의 사람이 향후 계속해서 임대 공간을 늘려서 새로운 희망을 꿈꾸고 있다는 점도 주목할 만하다.

▶ 완벽하지 않아도 일단 시작하는 것이 좋다

처음 하다 보면 완벽하게 시작하고 싶다는 생각이 드는 것도 사실이다. 막상 게스트가 머물면서 실망하지는 않을지 걱정되고, 예약이 되지 않으면 어쩌나 하는 고민으로 심혈을 기울여 준비하는 것이다. 그러다 보면 보통 임대 계약을 하고 내부 공간을 꾸리면서 초기 세팅을 하는 일에 1주일 이상이 소요되기도 한다. 하지만 그 시간은 게스트가 없는 시간이면서 동시에 나의 월세가 나가는 시간이다.

따라서 최대한 이 시간을 줄여야 한다. 가능하면 이틀 이내로 끝내는 것이 좋다. '완벽하지 않아도 일단 시작하는 것이 중요하다'는 생각을 가지고, 짧은 기간 집중적으로 초기 세팅을 한 뒤에 차차 부족한 것을 채워 가면 된다.

▶ 해 보면 정말 신경 쓸 일이 별로 없다

실제 운영을 하기 전에는 게스트와 생기는 문제는 '복불복'이라고 생각할 수 있다. 좋은 게스트가 오면 문제가 없겠지만, 까탈스러운 게스트가 오면 신경 쓰이는 문제가 생길 수 있다고 여기는 것이다. 자영업자들이 토로하는 '진상 손님'에 대한 두려움도 있을 수 있다.

하지만 실제 해 보면 흔히 말하는 진상 손님은 거의 없고, 사소하다고 할 정도의 문의 정도가 거의 대부분이었다. 한마디로 미리 불안해하거나 걱정할 필요는 전혀 없다는 이야기다.

▶ 전대차 동의가 힘들지만, 그렇다고 을이 될 필요는 없다

공간임대 창업에서 가장 공이 많이 들어가는 부분은 단연 전대차 동의이다. 이 계약을 해내야 한다고 생각하면, 왠지 자신이 을이 된 것 같아서 자신감이 줄어드는 것도 사실이다. 그런데 따지고 보면 꼭 그럴 일도 아니다. 보는 관점에 따라서 부동산 계약에서 집주인이 갑이라고 생각되기도 하지만, 또 반대편에서 보자면 임차인이 갑이기도 하다.

결국 돈을 지불하는 사람은 임차인이기 때문이다. 임차인이 없으면 집주인도 돈을 벌 수 없다. 그런 점에서 일단 자신감을 가지고 임하는 것이 가장 중요하다.

▶ 전대차 동의의 핵심은 결국 자신의 스토리 만들기이다

전대차는 결국 '설득의 문제'이다. 사실 집주인이 과도하게 걱정할 뿐, 임차인 자신이 직접 거주하든 전대를 하든 큰 상관은 없다. 어떤 실질적인 결과에서 피해가 가는 일이 아니라는 이야기다. 따라서 결국 핵심은 '설득이 되느냐, 되지 않느냐'의 문제일 뿐이다.

그런 점에서 사전에 이를 설득하기 위한 잘 짜인 자신만의 스토리를 만들어 가는 것이 좋다. 자신이 정한 콘셉트를 정확하게 말해 주고, 그 일의 과정에서 불가피하게 숙소가 필요하다는 것이 핵심이다. 자신이 그 사람들의 숙소를 책임져야 한다는 차원에서 전대차 계약을 암시하면 대부분의 부동산 사장을 1차로 설득할 수 있고, 자연스럽게 집주인까지 설득할 수 있게 된다.

▶ 평균 수익은 50~70만 원이 정답이다

창업을 준비하면서 수익에 대한 예상으로는 '삼삼엠투 한 개에 50~70만 원으로 보면 된다'라는 말을 많이 들었다. 당시 그 이야기를 들으면서 많다고는 생각하지 않았지만, 그렇다고 작다고 생각하지는 않았다.

오히려 투자금이나 신경 쓰는 것에 비하면 다소 많다는 느낌이었다고 볼 수 있다. 또한 '평균'이 그 정도니까 그보다 적은 금액일 수도 있다고 생각하곤 했다. 하지만 실제로 거의 수익은 개당 50~70만 원에 맞춰지는 것을보면서 다소 신기하게 느껴지기도 했다.

▶ 하나를 해 보니, 10개까지의 꿈이 생긴다

하나에 성공하면 2~3개에 자신감이 생기는 건 당연한 일이다. 거기다가 공간임대의 계약과 세팅 과정은 '복사해서 붙여넣기'라고 보면 된다.

거기다가 한 번 경험하면 이 붙여넣기에도 노하우가 생기기 때문에 더욱 빠르게 가능하고, 심리적인 부담도 훨씬 줄어든다. 따라서 자연스럽게 10개 정도까지 늘려 볼 생각을 하게 되고, 이에 따라 자연스럽게 매달 500~700만 원 정도의 이익을 꿈꿔 보게 된다. 직장생활을 하면서 이 정도라고 하면 '또 하나의 월급'보다 더 많은 기대 이상의 수준이라고 할 수 있다.

▶ 근거 없는 온라인 부업보다는 100배 낫다

공간임대업을 하는 사람들은 대부분 여러 가지 부업거리를 생각해 본 경험이 있는 사람들이다. 그러나 보면 온라인에서 넘쳐나는 부업들을 접해 봤을 것이다. 단돈 1만 원의 투자도 없이 '하루 10분 투자로 월 300만 원'이라는, 사실상 좀 믿기 힘든 광고들도 정말 많다. 사실상 그것이 가능하더라도 극히 일부의 사람만 가능하거나 혹은 과장됐다고 볼 수 있다.

그러나 공간임대업은 정당하고 합당한 투자 금액이 있고, 또한 전대차라는 초기 시장 진입의 장벽도 있다는 점에서 오히려 사업의 꼴을 제대로 갖추고 있다고 볼 수 있다. 그런 점에서 근거 없는 온라인 부업보다는 100배 낫다고 말할 수 있다.

✔ 완벽하게 준비하기보다 일단 시작하고 부족한 점을 채워가는 것이 중요하다. 초기 세팅 기간을 1주 이내로 줄이고 실행 중심으로 접근해야 한다.

✔ 전대차 동의가 가장 큰 난관이지만, 자신감을 갖고 자신만의 스토리로 설득하면 해결이 가능하다. 실제 운영에서도 과도하게 걱정할 필요는 없다.

✔ 공간 하나당 월 50~70만 원의 안정적 수익이 평균이며, 경험이 쌓이면 10개까지 확장해 월 500~700만 원의 추가 수익도 가능하다. 근거 없는 온라인 부업보다 훨씬 현실적이고 지속 가능하다.

PART 3

매력적인 공간과
서비스를 창조하고
예약률을 높이는 법

———— 임대업의 핵심은 결국 공실률을 낮추는 것이다. 게스트가 들어오지 않으면 월세를 고스란히 사업자가 감당해야 하기 때문에, 빈방이 계속되면 하루하루가 곧 손실이 된다. 그렇다고 해서 지나치게 겁을 먹을 필요는 없다. 사업의 구조를 잘 이해하고, 일정한 방식에 따라 내부 공간을 기획해 나가면 충분히 안정적인 수익을 낼 수 있다.

가장 중요한 것은 기본 원칙을 지키는 것이다. 실용적이면서도 가성비가 좋은 인테리어를 갖추고, 게스트가 편하게 머물 수 있는 구조로 설계하는 것만으로도 경쟁력은 생긴다. 불필요하게 화려할 필요도, 고가의 소품으로 공간을 채울 이유도 없다. 오히려 깔끔하고 기능적인 공간일수록 게스트 만족도가 높고, 후기 평가에서도 좋은 반응을 얻는다. 이런 작은 차이가 공실률을 낮추는 핵심 요인이 된다. 실제로 초보자라도 이런 기본 원칙만 지키면 사업을 시작하자마자 바로 수익을 내는 사례가 많다. 그만큼 공간임대업은 구조적으로 회전율이 빠르고, 입지와 세팅만 제대로 맞추면 안정적인 현금 흐름을 확보할 수 있는 사업이다.

우리는
공간을 '대여'하는 사람이지
'케어'하는 사람은 아니다

공간임대사업을 시작하려는 분들이 초기에 가장 많이 걱정하는 부분은 바로 CS^{Customer Service}, 즉 고객 응대에 관한 것이다. 소품을 사거나 공간을 꾸미는 등 사업 준비는 비교적 수월하게 진행할 수 있지만, 실제 운영 단계에 들어서면 언제든지 예기치 못한 고객 요구사항이 발생할 수 있고, 사업자는 여기에 응해야 할 상황이 발생하게 된다.

다만 직접 고객을 대면해 본 경험이 많지 않은 분들은 고객이 무리하거나 황당한 요구를 했을 때 어떻게 대응해야 할지 갈피를 삽기 어려워한다. 심지어 잘못된 대응으로 인해 고객이 악평을 남기는 것에 대한 두려움도 생길 수 있다. 하지만 어떤 일이든 자신이 충분히 경험해 보지 않은 상태에서 하는 예상은 다소 극단으로 치달을 수밖에 없다. 걱정과 두려움이 앞선 나머지 너무 과도하게 생각할 수 있다는 이야기다.

나의 경험에 비추어 본다면, 일정한 원칙과 방법론만 정립하고 있다면 생각만큼 불안해하거나 두려워할 필요는 전혀 없다.

우리는 고객을
케어하는 사람이 아니다

처음으로 삼삼엠투에 도전했던 한 40대 주부 교육생과의 대화 자리에서 "고객 CS에 대한 어려움은 없나?"라고 물어본 적이 있다. 그녀는 "2주 묵는 분이 계신데, 너무 조용해서 제가 먼저 말을 걸어야 할 정도로 아무런 문제가 없다. 고객을 이렇게 놔둬도 되나 싶기도 하다."며 웃으며 말했다. 사실 이런 모습이 지극히 정상적인 상태다. 대부분의 고객은 정말로 있는지 없는지도 모를 정도로 아무런 불평불만이 없다. 특히 한국인들은 청소에 대한 개념도 확실해서 퇴실 후 일반적인 청소 작업 이외에 크게 신경 쓸 점도 없다.

나 역시 수년간 운영하면서 크게 당황하거나 문제가 되는 경우는 없었다. 만약 이러한 문제로 스트레스를 받을 정도였다면 나 역시 지금처럼 확장하지도 않았을 것이다. 소모품이 떨어졌다거나 유리그릇 등이 깨졌다는 등 바로바로 해결할 수 있는 정도의 가벼운 문제들이다.

이렇게 일반적인 문의나 정당한 요구에 대해서는 그저 특별한 것 없이 문제를 해결하면 그만이지만, 문제는 일부 과도한 요구를 하는 고객들이 있다는 점이다. 이럴 때는 하나의 원칙만 기억하면 된다. '애초 내가 해야 할 의무가 있는 것이 아니면 정중하게 거절하면 된다. 그래도 멈추지 않을 때는 환불을 해주겠다고 하면 된다.'

나의 경험에 따르면, 호스트가 이러한 입장을 가지면 과도한 요구를 멈추는 경우가 거의 100%였다. 그 이유는 일부 게스트 중에는 일부러 떠보기 위해서 과도한 요구를 하는 경우도 있는데, 이때는 정중하면서도 단호하게 말하면 상대방도 충분히 알아듣고 요구를 철회하기 때문이다.

7평의 마포 오피스텔에 한 노부부가 거주한 적이 있었다. 그분들은 마치 자신이 호텔에 있는 것처럼 원하는 것을 이것저것 요구했다. 처음에 다리미를 요청해서 보내줬더니, 다음에는 전기장판을 요구했고, 이어 또 다른 것을 요구했다. 그래서 호텔 같은 서비스를 원하신다면 이곳과는 맞지 않을 것 같다는 말씀을 드렸다.

또 한번은 한 수강생이 "엄마와 아기가 단기 입주를 했는데, 에어컨을 분해해 청소해 달라는 요구를 했는데, 어떻게 해야 하냐"고 문의가 왔다. 나 역시 그런 요구는 처음 들어보았기에 딱 잘라 안 된다고 말하고 환불을 하겠다고 전하라고 했다. 사업자가 알아서 주기적으로 분해 청소를 할 수는 있지만, 게스트가 원할 때마다 분해 청소를 하면 그 비용도 만만치 않다. 실제 분해 청소의 경우 저렴한 경우라도 6만 원, 비쌀 경우는 10만 원까지 하기 때문에 수익에도 영향을 미치게 된다. 물론 곰팡이 냄새가 심하게 난다는 점이 확인되면 그렇게 할 수도 있는 일이다. 하지만 신축 오피스텔이었고, 실제로 점검했을 때는 전혀 냄새가 안 났기에 해드리기 어렵다고 전했다고 한다.

물론 전부 다는 아니겠지만, 대체로 이러한 요구를 하는 고객의 경우 자신도 사전에 안 될 것으로 예상하지만 일단 요구해 보는 것이라고 추측한다. 속된 말로 '그냥 한번 던져 본다'고 해야 할까? 사업자가 요구를 들어주면 좋고, 안 들어주어도 할 수 없다는 태도에서 시도한다는 이야기다.

배상 대신 좋은 후기 유도

물론 "일반 게스트도 아니고 아기가 함께 있다면 충분히 더 나은 배려를 해야 하는 것이 아닌가?"라고 여기는 것도 충분히 합리적이다. 정이 많은 한국인들은 특히 아기에게 마음이 약하기도 하다. 따라서 이는 전적으로 사업자의 개인적인 생각에 달라지겠지만, 매우 중요한 원칙은 '우리는 게스트를 케어하는care 사람은 아니다'라는 점이다. 단순히 일정

기간 일정한 공간을 대여할 뿐, 그 안에서 이루어지는 모든 것은 게스트 스스로의 몫이고 책임일 뿐이다. 더구나 입주 전 계약 단계에서는 아무 말도 없으면서 입주 후에 이런 요구를 한다는 것 자체가 일반적인 비즈니스 관행에서도 어긋난다고 할 수 있다.

물론 극히 일부의 경우지만 법적인 문제로까지 비화하는 경우도 있다. 한 수강생의 경우, 고객이 입주 후 생활하다가 내부 장식으로 있던 원목이 팔에 떨어져 상처가 난 적이 있었다고 한다. 사실 그저 약간 까진 정도의 매우 가벼운 상처였는데, 고객은 병원 응급실에 찾아가 진단을 받고 배상금을 요구했다. 물론 그 배상 금액이 10~20만 원 정도면 그냥 줄 수도 있겠지만, 놀랍게도 그 고객은 응급실 비용은 물론이고 한의원 비용까지 합쳐서 무려 500만 원을 요구했던 것이다. 피부에 난 작은 상처로 한의원까지 갔다는 것도 이해할 수 없지만, 그렇게 많은 금액을 요구한다는 것은 고약한 심보라고 생각하지 않을 수 없다. 결국 수강생은 법정 싸움에서 승소하면서 마무리되었다.

다만 이런 사례는 말 그대로 최악의 경우일 뿐, 일반적인 사업자들에게는 거의 일어나지 않는 일이다. 또한 이러한 일은 공간임대업을 할 때뿐만 아니라 살면서 다른 일을 통해서도 겪을 수 있는 일이기 때문에 '사람을 잘못 만났다'고 여길 수밖에 없다.

　　이외 흔하게 발생하는 문제 중 하나로는 가구나 그릇 등의 파손이 있
다. 일반적으로 정직한 고객의 경우에는 자신의 실수로 파손이 생겼을
때 호스트에게 먼저 연락해 사용 중에 파손했음을 말하고 사진까지 첨
부해 주는 경우가 흔하다. 이럴 때는 손실을 배상받는 일은 그리 어렵지
않다. 다만 게스트가 퇴실 후에 청소 이모님들이 관련 사실을 확인해 주
는 때도 있다. 이럴 때는 일단 게스트에게 "퇴실 후에 의자가 파손된 상
태로 발견되었습니다. 혹시 사용 중에 문제가 있었나요?"라고 정중하게
물어보고 비용을 안내하게 된다. 또한 보증금이 있기 때문에 문제를 확

인한 후 일정 금액을 차감하면 문제는 해결된다.

고객 응대에 관한 한 "경험이 답이다."라고 말할 수 있다. 몇 번의 게스트를 겪고, 그들이 어떤 문제를 제기하는지에 대한 패턴을 파악하면 그 해결법도 대체로 특정한 패턴에서 벗어나지는 않는다. 일정한 경험이 쌓이기 전까지만 순발력 있게 대응하다 보면 어느 순간 베테랑이 될 수 있을 것이다.

✔ 많은 예비 사업자들은 고객 응대를 가장 큰 걱정거리로 여기지만 실제로는 대부분의 고객이 문제없이 지내므로 과도하게 두려워할 필요가 없다.

✔ 일부 고객의 무리한 요구는 '할 수 있는 것은 하고, 할 수 없는 것은 하지 않는다'는 원칙으로 대응하면 충분하다.

✔ 드물게 소송이나 파손 같은 문제가 발생하더라도 정중한 소통과 원칙적 대응으로 해결할 수 있으며, 경우에 따라서는 긍정적인 후기를 얻는 방법에 활용한다면 더 큰 이익이 된다.

에어비앤비
외국인 게스트와의 문제

외국인이 주요 고객인 에어비앤비의 경우, 언어와 문화 때문에 다소간의 고객 응대 건이 발생할 수 있다. 물론 에어비앤비라는 플랫폼 자체에서 제공하는 번역도 꽤 잘되어 있고, 실제 의사소통에서의 번역기 활용도가 매우 높기 때문에 기본적으로 답답할 정도의 큰 언어 장벽을 느끼지는 못한다.

하지만 그럼에도 여전히 어느 정도의 장벽은 있을 수밖에 없고, 거기다가 문화도 다르기 때문에 일정하게 응대해야 할 필요성이 있다. 무엇보다 소음이나 냄새에 대한 이슈가 생길 수 있으며, 쓰레기 분리수거, 가전제품의 사용 방법 등에서 사전에 충분히, 그리고 상세하게 안내할 필요가 있다.

또한 설사 문제가 생긴다고 하더라도 마찬가지로 원칙만 지킨다면 크게 문제 될 것은 없으니 외국인과 관련한 고객 응대에서도 너무 걱정할 필요는 없다. 무엇보다 대부분의 외국인은 자신들이 해외에 있다는 점을 감안해 오히려 더 조심하는 경우가 많다.

소음과 체취의 문제

일단 외국인 게스트의 경우 질문이 많다는 점을 염두에 두어야 한다. 대체로 그들이 많이 하는 질문은 다음과 같다.

"공항에서 숙소까지 어떻게 가죠?"
"집에 스토브, 전자레인지 등이 있나요?"
"얼리 체크인(레이트 체크아웃)이 됩니까?"
"○○역과 가깝습니까?"

사실 이런 질문들은 이미 상세 페이지에 적어 놓은 경우가 대부분이다. 그래서 이런 질문을 할 때면 '이 사람들은 상세 페이지도 안 읽어보나? 도대체 이런 걸 왜 물어보는 거지?'라는 생각이 들 법하다. 하지만 나역시 경험해 보니, 서비스란 원래 그런 것이다. 충분히 알고 있다고 여겨지는 부분에 대해서도 또 대답하고, 반복적으로 말해 주어야 한다.

이러한 사소한 질문 외에 외국인 게스트 거주 시 다소 문제가 될 수 있는 것은 바로 소음이다. 특히 한국인들은 층간 소음에 매우 예민하기 때문에 아래층에 거주하는 사람들에게는 그 피해가 매우 심각하게 체감될 수 있다. 따라서 일단 소음 문제가 발생했을 때는 매우 신속하고 단호하게 대처하는 것이 제일 중요한 원칙이라고 할 수 있다.

문제는 이 소음을 대하는 문화가 나라마다 다르다는 점이다. 소음에 매우 예민한 문화를 가진 나라도 있지만, 전혀 그렇지 않은 나라도 있기 때문이다. 에어비앤비의 경우 전 세계인이 게스트가 될 수 있기 때문에 종종 소음 문제가 발생할 수 있다.

나 역시 가끔 아랫집에 거주하는 사람들로부터 소음 문제 때문에 연락이 오곤 한다. 그럴 때면 대부분 특정 국가의 외국인인 경우가 많았다. 이럴 때는 메시지를 통해 민원이 있음을 게스트에게 알리고, 3번 정도 경고를 해도 문제가 해결되지 않으면 결국 일정 금액을 환불하고 내보내는 수밖에 없다. 이렇게 경고하면 대부분 문제가 해결된다. 다만 이런 일을 겪는다고 해서 특정 국가의 외국인에 대해 너무 비호감을 가지거나 혐오할 필요까지는 없다고 본다. 일부 나라에서는 소음이 '활기찬 생활'을 의미하는 경우도 있다고 한다.

가끔은 파티를 벌여서 문제를 일으키는 경우도 있다. 이는 단순한 생활 소음 정도가 아니라 여러 명이 노래를 부르고 춤을 추는 경우까지 있기 때문에 심각한 문제가 될 수 있다. 물론 이런 행위 자체는 고객의 명백한 잘못이라고 볼 수 있다. 에어비앤비의 경우에는 정책상 '허가되지 않은 파티와 공개적인 초대'를 금지하고 있으며, 호스트 역시 개별적으로 숙소 규칙House Rules을 통해 파티와 이벤트를 금지할 수 있다. 또한 숙소 수용 인원만 허용하며 외부인의 출입을 금지할 수 있도록 하고 있다. 하지만 그럼에도 불구하고 세상에는 늘 규칙을 어기는 사람들이 있게 마련이다.

쉴새없는 아이들 우다다 발망치소리 너무 심합니다!

오후 11:12

안녕하세요
불편 드려서 죄송합니다.
게스트에게 내용 전달했고, 주의시키겠습니다..!

주의준거 맞나요?
첫날 둘쨋날 다 새벽1시가 넘어서야 조용해졌습니다
일부러 더 동동 거리는거같습니다!!!!!

· 공동 호스트 오후 11:59

너무 죄송합니다 😭 바로 다시 주의주도록 하겠습니다 😭

첫날에 주의주신다 하셨을때 일부러 소리까지 지르던데 지금도
그럽니다 중국인이던데요
지금도 그러네요 일부러 더 쿵쿵쿵 거리고 소리지르고 난립니다
영상이 안보내지네요 !!

ㅣ 님이 읽음

· 공동 호스트 오전 12:20

아,, 제가 한 번 더 주의주겠습니다ㅠ

정말 죄송합니다ㅠㅠ

나 역시 이런 경험이 가끔 있었는데, 이때는 단호하게 즉각적으로 대응하면 해결이 가능하다. 일단 전화를 걸거나 플랫폼 메시지를 통해 '지금 예약 규정을 위반한 상황이며, 지금 바로 파티를 멈추지 않는다면 경찰에 신고할 수밖에 없다'고 메시지를 보내야 한다. 그러나 상황이 해결되지 않고 문제가 계속되면 실제 경찰에 신고하는 방법밖에는 없다. 또한 파티를 했다는 사실이 확인되면 파티에 따른 추가 청소비와 규정 위반 비용을 청구할 수 있다. 나의 경험으로는 다행히 고객도 이를 인정했기에 보상을 받는 것으로 문제가 마무리됐다.

다만 이렇게 문제를 해결할 때 가장 중요한 점은 이성적으로 흥분하거나 화를 낼 필요까지는 없다는 점이다. 오히려 서로 감정을 자극해 문제가 더 커질 수도 있기 때문이다. 따라서 단호하고 빠르게, 그리고 명백하게 대응하면 되는 일이다.

쓰레기 무단 투기와
주민들의 반발

서구권 백인의 경우에 소음은 크게 문제 되지 않지만, 몸에서 나는 특유의 체취가 퇴실 후에도 방에 남는 경우가 있다. 이들이 퇴실한 이후 바로 입주하는 한국인이라면 적응하기가 다소 힘들 정도가 된다. 실제 청소 이모님들도 청소를 하러 갔다가 깜짝 놀랄 정도라고 하니, 그 방에서 생활하기는 좀처럼 쉽지 않은 일이다. 다음 게스트가 입주하기 전에 이 사실을 발견하면 방향제를 많이 사용하면서 하루 이틀 정도 환기를 하면 문제는 해결된다.

하지만 이 상황을 발견하지 못하고 곧바로 다음 게스트가 입주했을 때, 그리고 불만을 표시할 때는 죄송하다고 말하고 하루 정도 있다가 입주하면 안 되겠냐고 말할 수 있다. 하지만 만약 그것이 허락되지 않으면 결국 환불해 주는 것 이외에 다른 방법은 없다.

사전에 다소 주의 깊게 신경 써야 할 문제는 쓰레기 분리수거이다. 물론 해외의 여러 국가에서도 쓰레기 분리수거를 하는 곳이 많기는 하지만, 그 기준도 다르고 강제적이지 않은 경우도 많다. 따라서 외국인 게스트가 왔을 때는 이에 대해 매우 상세하게 안내해야 할 필요가 있다. 일단 가장 중요한 점은 분리수거 방법을 매우 상세하게 영어로 번역해 비치해야 한다는 점이다. 가능하면 중국어, 일본어도 동시에 해 놓는 것이 좋다.

다만 최근에는 한국으로 여행을 자주 오거나 장기 거주하는 외국인들이 많기 때문에 그들도 한국의 쓰레기 문제에 대해서는 이미 인지하는 경우가 많다. 그들 역시 '한국은 매우 엄격하게 쓰레기 문제를 다루고 있다'는 사실을 알고 있으며, 그래서 일부는 '어떻게 해야 할지 걱정된다'는 생각을 가지고 한국을 방문할 때도 있다. 특히 한국에 CCTV가 많기 때문에 함부로 투기해서도 안 된다는 사실도 알고 있다. 따라서 일정하게 분리수거 방법만 잘 알려주면 규칙을 잘 따를 가능성이 크다.

다만 문제가 심각할 경우 주민들의 반발이 있는 경우도 있다. 과거 서초구의 한 오피스텔에서 외국인 관광객이 쓰레기를 무단 투기하거나 분리수거 규칙을 지키지 않아 주민들이 불만을 제기했다는 뉴스를 본 적이 있다. 문제는 주민들이 관리소에 문제를 제기하고 이것이 호스트에게 전해진다는 점이다. 심할 경우 공개적으로 반발을 하거나 제재를 요구할 수도 있다. 이런 경우라면 상당히 곤란한 상황이다. 따라서 게스트에게 쓰레기 분리수거 문제는 반드시 지켜 달라고 요구해야 한다.

가전제품의 사용도 마찬가지다. 외국인이 잘 모른 채 버튼을 마구잡이로 누르거나 장치를 억지로 다루다 보면 고장이 날 수 있다. 따라서 역시 외국어로 상세하게 안내할 필요가 있다. 불론 고장에 따른 피해를 보상받을 수도 있지만, 문제는 가전제품이 고장 난 사실을 뒤늦게 알면 어느 게스트가 고장을 냈는지를 알 수 없게 되고, 손해를 보상받기도 쉽지 않다. 예를 들어 늦여름에 에어컨이 고장 난 후 다음 게스트가 특별히 에어컨을 사용하지 않으면 다음 해 여름까지 고장 사실을 알 수가 없다. 따라서 이런 상황을 예방하기 위해서라도 반드시 외국인에게는 친절하고 상세하며, 많은 정보를 주어야만 한다.

✔ 의사소통 문제와 문화 차이로 인해 쓰레기 분리수거, 가전제품 사용에서 문제가 생길 수 있으므로 반드시 다국어로 상세 안내를 제공해야 한다.

✔ 국가별 소음 인식 차이로 갈등이 발생할 수 있으며, 특히 파티나 과도한 생활 소음은 즉각적이고 단호한 대응이 필요하다.

✔ 무단투기, 특유의 체취, 기기 고장 등으로 인한 불만이 주민이나 다음 게스트에게 이어질 수 있으므로, 철저한 관리와 선제적 예방 조치가 필수적이다.

'공간임대사업'이라는 말에서 알 수 있듯이, 이 사업의 핵심 경쟁력은 단연 '공간'이라고 할 수 있다. 고객은 일정 기간 자신의 마음에 드는 공간을 사는 것이고, 수많은 공간 중에서 가장 매력적인 공간을 선택하게 마련이다. 따라서 사업자들이 가장 많이 신경 써야 할 부분은 바로 이 공간을 어떻게 매력적으로 보이게 하느냐고 할 수 있다. 다만 이를 단순히 '예쁜 인테리어' 혹은 '고급스러운 소품'에 한정해서 생각해서는 안 된다. 더 중요한 것은 전체적인 공간의 연출이라고 할 수 있으며, 여기에는 반드시 사전에 기획 단계가 있어야만 한다. 사신의 공간을 신택하는 고객의 상황을 최대한 고려해야 한다는 점이다. 따라서 전체적인 공간 기획이라는 개념에서 출발해 인테리어와 소품을 결정하는 과정이 있어야만 한다.

해당 지역의
라이프 스타일 고려

일단 공간 기획을 하기 위해서는 어떤 플랫폼에 있는 매물을 대상으로 하느냐가 중요하다. 한국인들이 주로 고객이 되는 삼삼엠투라면 인테리어나 소품보다는 생활의 편의성을 증대시키는 공간 기획이 중요하다. 또한 단기 거주냐 장기 거주냐에 따라서도 약간씩 달라진다.

예를 들어 장기 거주자라면 넉넉한 옷장이 중요하지만, 단기 거주자라면 옷장보다는 빠르고 편리하게 수납할 수 있는 공간이 더 중요하다. 또 사무직이 많이 거주하는 지역이라면 업무를 볼 수 있는 넓고 튼튼한 책상과 의자도 중요한 요소가 될 수 있다. 따라서 이러한 타깃에 따라 공간 기획을 달리할 필요가 있다.

내국인을 상대로 하는 임대의 경우에는 해당 지역 고객의 라이프스타일과 같은 것도 염두에 둘 필요가 있다. 과거 강남과 역삼동 일대에서 단기 임대를 한 적이 있었다. 그때 어떻게 공간을 기획할까를 생각하다가 주요 수요층을 떠올려 봤다.

실제 부동산 사장님의 이야기를 들어보았을 때도 해당 지역은 주로 밤에 일하고 아침이 되어서야 잠드는 사람들이 많다고 했다. 이럴 때 그들에게 가장 필요한 것은 숙면을 위해 햇볕을 막는 일이었다. 물론 간단

한 커튼으로도 창문을 가릴 수 있지만, 좀 더 차별화된 공간을 위해 리모 컨으로 조종되는 암막 커튼을 설치했다. 이렇게 하자 인기가 매우 많았고 예약도 끊이지 않았다.

공간 분위기를 좌우하는 도배

도배와 조명도 공간 기획에서 매우 중요하다. 실제 전문가들은 모든 인테리어의 핵심은 도배에 있다고 말하곤 한다. 도배지의 종류와 색감이 미치는 영향이 크기 때문이다. 과거에는 베이지톤으로 따뜻한 느낌을 중요시했다면, 최근에는 화이트톤이 정갈하고 깔끔한 느낌을 주어 인기가 많다. 따라서 만약 새 물건에 도배를 해야 한다면 가능하면 화이트톤으로 하는 것이 좋다.

다만 공간마다 다른 분위기를 연출하고 싶다는 생각에 방마다 다른 도배시를 하는 경우도 있지만, 정작 게스트에게는 '징신이 없다'는 느낌을 주게 된다. 거실은 화이트인데 방 하나는 초록색이라든지, 또 다른 곳은 노란색으로 도배를 해 놓으면 산만해지고 안정감이 사라지기 때문이다. 따라서 하나의 임대 공간에서 전체적인 도배를 통일할 필요가 있다.

조명의 경우에, 일부 전문가들은 공간을 좀 더 근사하게 만들어주는 '라인 조명'을 추천하기도 한다. 하지만 인테리어 스탠드 조명만으로도 충분히 공간을 살릴 수가 있다.

외국인 고객을 위한 공간 기획

단기 관광객 위주의 에어비앤비라면 인테리어와 소품이 중요하게 작용한다. 짧은 기간 동안 최대한 도시를 즐기기 위해 온 사람들인 만큼, 거주하는 공간도 즐겁고 예쁜 공간이 되어야 하기 때문이다. 또 이럴 때는 가구 등의 수납공간보다는 짐을 한눈에 볼 수 있는 오픈된 공간이 제공되는 것도 이용자들에게는 편리함을 준다. 소품도 매우 중요한 요소이다. 예쁜 소품 하나가 공간 전체의 분위기를 바꾸는 경우가 많기 때문이다.

실제 나의 경험에 의하면, 그저 평이하게 에어비앤비를 운영하다가 어느 순간 감성 인테리어로 변화시킨 경우가 있었는데, 매우 극적으로 매출이 오른 적이 있다. 그때 에어비앤비에서 공간 기획이 얼마나 중요한지를 다시 한번 깨닫게 됐다. 따라서 돈이 좀 들더라도 소품에는 반드시 신경을 써야만 한다.

다만 '인테리어만을 위한 소품'은 가급적 구매하지 않는 것이 좋다. 예를 들어서 플라스틱으로 만든 책 모양의 소품이 있다. 예뻐 보이기 때문에 많은 공간임대사업자가 활용한다. 하지만 정작 이러한 소품을 통해서 사진이 잘 나올 수는 있지만, 실제 고객들에게는 아무런 활용 가치가 없다. 따라서 소품 구매는 최대한 실용성에 맞추는 것이 좋은 방법이다.

또 사업자마다 자신의 개성과 취향을 드러내는 가전제품을 사는 경우도 있다. 예를 들어 전기 주전자 하나를 놓더라도 다소 유명하고 비싼 제품을 구매하곤 한다. 금액적으로 그다지 부담이 되지 않는다면, 조금 비싸더라도 이런 제품을 소품으로 활용하는 것도 하나의 방법이라고 본다. 기존 에어비앤비의 슈퍼호스트의 집 사진을 참고하면 좋고, '오늘의 집'에서 다양한 소품이나 내부 인테리어를 참고할 수 있다.

K-팝 굿즈를 활용하는 것도 방법이다. 실제로 내가 운영하는 매물에는 BTS 굿즈를 사서 소품처럼 활용하고 있다. 한국인들이야 늘 K-팝 스타들을 접해서 그리 신선해 보이시는 않시만, 외국에서 오는 사람의 경우 그 모습만 봐도 "와~!" 하고 탄성을 지르는 경우가 많다. 역시 이런 굿즈들이 있는 사진이 플랫폼에 게재되면 일종의 '후킹hooking 포인트'로 작용한다고 할 수 있다.

또 외국인 관광객을 대상으로 한다면 K-팝 굿즈뿐만 아니라 여러 가지 한국적인 요소를 감안한 소품도 상당한 도움이 된다. 예를 들면 노리 개라든지, 한글 캘리그래피가 있는 액자, 전통 문양이 있는 방석이나 머 그, 전통 탁자 등도 생각해 볼 만하다.

다만 소품과 인테리어는 하다 보면 점점 더 욕심이 생기고 돈이 많이 들어가는 경우가 생긴다. '조금만 더 하면 더 좋아질 것 같다'는 마음이 들기도 하고, 다른 공간과 계속해서 비교하다 보면 기대치도 계속해서 높아질 수 있기 때문이다. 그러나 계속되는 업그레이드로 인한 추가 비 용이 발생할 수 있다. 따라서 소품과 인테리어는 신경은 쓰되, 어느 정 도 선에서는 적당히 멈추는 지혜도 필요하다.

✔ 공간 기획은 단순히 예쁜 인테리어가 아니라 고객층과 상황을 고려해 기능과 편의를 연출하는 것이 핵심이다.

✔ 도배와 조명은 공간 분위기를 좌우하며, 화이트톤 도배와 라인 조명이 깔끔하고 세련된 효과를 만든다.

✔ 소품은 실용성을 갖추면서도 K-팝 굿즈나 전통 소품처럼 외국인에게 후킹 포인트가 될 수 있는 요소를 활용해야 한다.

예약률을 높이는 사진 촬영 노하우

플랫폼에 본격적으로 매물을 올릴 때 사진의 중요성에 대해서는 더 강조하지 않아도 될 정도로 모든 사람이 잘 이해하고 있다. 웬만하면 예쁘게 찍고, 넓게 찍고, 잘 찍고 싶어 한다. 심지어 본인이 사진 촬영에 자신이 없을 때는 전문가에게 맡겨서 사진 촬영을 하기도 한다.

물론 전문가가 일반인보다 훨씬 더 잘 찍을 수는 있겠지만, 장기적으로 공간임대사업을 하려면 본인이 사진에 대해 능숙할 필요가 있고, 또 일정 수준 이상의 실력을 갖춰야만 한다. 플랫폼에 한 번 올렸다고 해도 시간이 흐르면서 소품이나 도배가 바뀔 수도 있고, 또 계절에 맞게 운치 있고 멋진 풍경을 담아 더욱 호기심을 끌고 싶을 때도 있다. 하지만 그때마다 전문가에게 맡길 수는 없는 노릇이다.

특히 공간임대를 위한 매물 사진 촬영은 일반적인 풍경이나 음식 사진을 찍는 것과는 완연히 다른 일이다. 따라서 사진 촬영에 특화된 몇 가지 중요한 점들을 반드시 숙지하고 가야만 한다.

0.6배 정도의
광각 촬영 후 밝게 보정

사진은 단순히 임대 공간의 내부를 스케치해서 보여주는 것이 아니다. 고객은 사진이라는 시각 정보를 통해 공간에 대한 호불호를 결정하게 된다. 이 과정에서 호스트의 감각을 엿보고 자신의 취향을 대입하면서 예약할지 안 할지를 결정한다.

에어비앤비에서 조사한 바에 따르면, 보다 전문적으로 사진을 촬영했을 경우 연평균 수익이 약 2,455달러, 한화로 약 350만 원 정도 높았다는 조사 결과를 내놓기도 했다. 한 달 수익으로 따지면 대략 30만 원이 더 높아진다는 이야기다. 또 미국의 한 이용자 조사에서도 사진의 품질이 중요하다고 응답한 비율은 90%에 이른다. 우리 역시 쇼핑몰에서 제품을 구매할 때 사진이 자신에게 미치는 영향이 어느 정도인지를 상기한다면 고객의 마음을 충분히 이해할 수 있을 것이다.

단기 임대 물건의 경우 평수가 다소 작기 때문에 대체적으로 광각으로 찍는 것이 보편적이고 이후 기본적인 보정으로 다소 밝게 만드는 방법이 통용된다. 나 역시 보통 0.6배 정도의 광각으로 촬영한다. 다만 그 이상의 광각은 공간을 왜곡시키고, 따라서 실제 임대 공간을 본 게스트를 실망시킬 수도 있다는 점을 염두에 두어야 한다. 심지어 속았다는 감정까지 느끼면 호의적인 후기를 쓰고 싶은 마음은 애초에 사라질 수도 있다.

사진 촬영의 구도에도 신경 쓸 필요가 있다. 좀 더 특이한 사진을 찍고 싶다는 마음에 위에서 아래로 내려서 찍거나, 혹은 아래에서 위로 올려 찍는 경우가 종종 있다. 하지만 전문가들의 말에 따르면 가장 좋은 것은 촬영자의 가슴 높이에서 찍는 방법이다. 그러니까 무릎을 약 30cm 정도만 굽힌 상태에서 찍으면 제일 좋다.

특히 수평을 제대로 맞추는 일도 중요하다. 심리적으로 사진의 수평이 맞지 않으면 안정감이 깨지고 불편함을 느끼기 때문이다. 뭔가 모르게 답답하다는 느낌을 주고, 또 전문성이 부족한 것 아니냐는 생각도 들게 만든다.

기억해야 할 키워드,
'구석과 포인트'

또 사진을 촬영할 때는 임대 공간의 각 구석에 서서 전체 공간을 촬영하는 것이 좋다. 공간이 전체적으로 펼쳐지면서 시원한 느낌이 들기 때문이다. 또 각 공간에는 포인트가 되는 소품이 있으면 좋다. 예를 들어 조화, 러그, 액자나 침대를 포인트로 잡아 줌으로 당겨서 촬영한 후 이를 썸네일로 사용하면 된다.

실제 필자가 운영하는 삼삼엠투. 이렇게 전체가 조망될 수 있는 곳에서 0.6배 정도의 광각으로 찍으면 사진이 잘 나온다. 특히 전체적인 화이트톤이 매우 깔끔한 이미지를 준다.

또 계절을 감안한 사진 촬영도 염두에 둘 만하다. 사계절마다 매번 사진을 바꿔주기는 힘들 수 있겠지만, 그래도 여름과 겨울 정도에는 신경 쓸 필요가 있다. 이제 곧 한여름이 닥쳐올 시기인데, 사진에 크리스마스 트리가 있다든가 주변에 눈 내리는 풍경이 있다면 왠지 어색해 보일 수 있다.

다만 이렇게 시기별로 사진을 바꾸는 일이 귀찮다고 느껴진다면, 차

야외 전망이 좋다면 이렇게 노을이 지는 모습을 보여주면 한층 감성을 자극할 수 있다. 역시 전반적으로 화이트톤이라 깔끔하게 느껴진다.

라리 계절감이 느껴지지 않는 심플한 사진이 오히려 나을 수도 있다. 마지막으로 고객들이 가장 좋아하는 공간의 느낌은 '깔끔함'이라고 할 수 있다. 화려하게 장식이 많고, 아무리 고급 소품이라 하더라도 너저분하게 배치되어 있으면 깔끔한 인상을 주기 어렵다.

비법 노트 핵심 정리

✔ 사진은 첫인상과 예약 결정, 나아가 수익까지 좌우하기 때문에 호스트가 직접 사진 촬영에 능숙해질 필요가 있다.

✔ 과도한 광각 촬영은 공간을 왜곡시켜 실물을 보았을 때 실망을 주기 쉬우니 주의하고, 가슴 높이에서 수평을 맞춰 찍을 때 가장 안정적이고 신뢰감을 준다.

✔ 구석에서의 촬영, 포인트가 되는 소품, 계절감 조정 등을 통해 공간을 정리된 모습으로 보여주어 '깔끔한 인상'을 남기는 것이 핵심이다.

청소 이모님과 알바 활용을 통한 더 많은 시간 확보

공간임대업을 했을 때 가장 많은 노동력이 들어가는 부분은 청소이다. 매번 게스트가 퇴실할 때마다 청소에 반드시 신경 써야 하는 것은 물론, 각종 소모품의 체크와 비치에도 신경 써야 한다. 하지만 역설적이게도 임대 사업자에게 이 청소는 가장 쉬운 문제이기도 하다. 청소 이모님을 구하기만 한다면, 앞에서 언급했듯 구글 캘린더를 통해 굳이 통화하지 않고 문자만으로도 얼마든지 소통하면서 관리할 수 있다.

또 만약 20여 개의 임대 공간을 운영하는 수준에 다다른다면, 그때는 알바를 써도 충분하다. 이렇게 하면 자신이 직접 할 일이 훨씬 줄어들게 된다. 고객 CS나 민원까지 알바가 모두 해결해 주기 때문에, 사업자는 최종적으로 돈 관리만 하는 상태에 이를 수 있다.

청소 이모님이
남성 건물주일 때도

청소 이모님을 구하는 일은 그리 어렵지 않다. 당근 앱을 통해 나의 임대 공간 주변에 있는 분들을 얼마든지 구할 수 있기 때문이다. 다만 이런 분들이라고 모두 여성이라거나, 혹은 경제적으로 어려운 분들은 전혀 아닌 경우도 많다.

실제 나와 일하는 한 분은 '이모님'이라고 칭하기 힘든 남성분이며, 심지어 건물주이기도 하다. 별도로 일을 하지 않아도 평생 먹고살 정도의 재력이 있지만, 운동도 할 겸 용돈도 벌 겸 청소 일을 하신다. 그런데 남성분이지만 여성 못지않게 매우 깔끔한 청소 실력을 자랑한다. 나이 들면 남성이 여성이 외로움을 더 느끼기 때문인지는 모르겠지만, 청소를 하시면서 적적함을 달래신다는 말씀도 해주신다. 또 자녀를 모두 외국에서 키우신 후 한국에 홀로 있는 여성들도 있다. 그분들 역시 자녀들이 주는 용돈만으로도 생활할 수 있지만, 역시 운동과 용돈을 목적으로 일을 한다.

청소에 걸리는 시간은 오랜 경험이 있는 베테랑 이모님이라면 1시간 정도 걸리고, 빨래 건조에 1시간 정도가 소요된다. 임금은 3만 원을 지불하고 빨래 건조 비용은 실비로 1만 원을 지급한다. 다만 청소에 익숙

하지 못한 분들은 많게는 3~4시간이 걸리기도 한다. 이렇게 해서 이모님들이 한 달에 벌어갈 수 있는 돈은 삼삼엠투의 경우 10~15만 원 선이다. 삼삼엠투의 특성상 최소 1주일 단위로 이용하기 때문에, 매주 게스트가 바뀌더라도 한 달에 총 4번의 청소가 이뤄지면 된다. 에어비앤비의 경우에는 하루 단위로 계약을 하기 때문에 삼삼엠투보다는 훨씬 청소 기회가 많다. 따라서 에어비앤비 청소를 하는 이모님의 경우 한 달에 60~70만 원 정도를 벌어가게 된다.

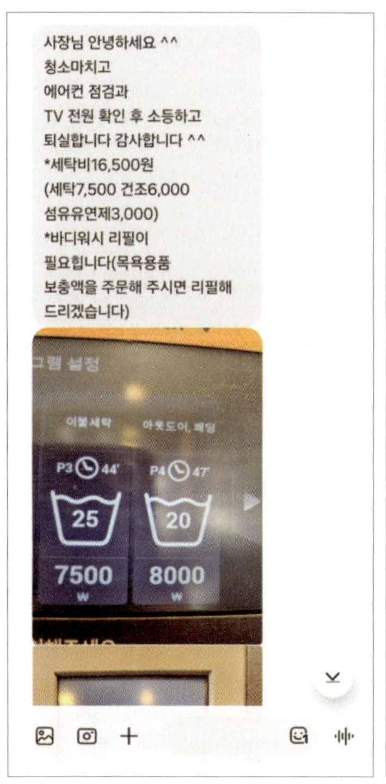

특별한 인력 관리는 필요하지 않으며, 청소 이후에 문자를 보내달라고 하고 이를 확인만 하면 된다. 어떤 이모님의 경우 임대 공간 하나당 청소를 끝낸 후 무려 20장의 사진을 전송해주기도 한다. 매우 꼼꼼한 분의 경우 방 곳곳을 빠짐없이 찍어 보내기 때문이다. 각종 소모품과 쓰레기봉투까지 직접 구매해 채운다.

비록 내가 돈을 주고 고용하는 사람들이기는 하지만, 내 사업을 돌봐

주는 소중한 파트너라고 생각하면 매우 정중하게 대해야 할 분들임이 틀림없다. 그래서 나는 혹여 주변 사람들에게 커피 쿠폰 등을 받으면 모조리 청소 이모님들에게 선물로 드리고, 1년에 두 번, 설날과 추석에는 한 번에 약 10만 원 정도의 선물을 반드시 한다. 이렇게 하면 나의 고마운 마음도 전달되어 더욱 돈독한 관계를 맺을 수 있다.

늘어난 여유 시간에는
또 다른 사업 구상

물론 초창기 임대 사업을 전개할 때는 혼자 해도 충분하다. 시간이 많이 들지 않는 것은 물론이고, 그에 따라 나의 시간도 그리 많이 들지 않기 때문이다. 그런데 이제 임대 공간이 5개가 넘어서기 시작하면 그때부터는 일을 도와줄 알바를 고용하는 것도 필요하다. 만약 자신이 임대업 이외의 다른 사업을 구상 중이라거나, 혹은 이러한 이유로 조금 더 여유로운 시간이 필요하다면 알바를 통해 임대업에 신경 쓸 일을 줄일 필요도 있기 때문이다.

나의 경우에는 과거 교육생이 알바로 관리를 해보겠다고 나서서 채용한 적이 있다. 본인도 공간임대사업을 하고 있었지만, 좀 더 많은 공간을 관리해보고 싶다는 이유에서였다. 그때부터 알바분이 게스트로부터 오는 각종 문의를 도맡아 처리하고, 청소 이모님과의 소통도 알아서 하기 때문에 이제 나는 최종적인 정산 및 회계 처리 이외에는 거의 할 일이 사라지게 되었다.

물론 여전히 임장과 계약, 그리고 전체적인 임대 공간의 전략적인 관리는 내가 하지만, 이는 일상에서 크게 시간이 빼앗기는 일은 아니다. 나의 경우에는 20개를 관리하는 알바 비용으로 초기에는 50만 원을 지급했으나, 일이 익숙해진 뒤로는 월 100만 원 정도를 지급하고 있다. 다만 20개가 넘는 공간을 관리한다고 해도 하루에 소요되는 시간은 1시간 미만이기 때문에, 알바분의 입장에서도 그리 부담스러운 일은 아니라고 할 수 있다.

어떤 사업을 하든 실질적인 도움을 주는 파트너들을 잘 선택하고 활용하는 일은 무척 중요하다. 공간임대업에서는 초기에 청소 이모님들이, 임대 공간이 많아질수록 알바분이 바로 이러한 소중한 존재들이다. 따라서 그들과의 협업은 현 상태를 확고하고 흔들림 없이 유지해 나가는 데 큰 도움이 된다. 그뿐만 아니라 이제 확실하게 자리 잡은 공간임대업을 넘어서 더 높은 임대업의 수준으로 발전해 나가기 위해서는 자신의 시간과 에너지를 줄이는 일이 필수적이라고 할 수 있다.

✔ 청소 이모님을 구하면 청소와 소모품 관리의 부담이 크게 줄어든다. 또 관리 임대 공간이 5개가 넘어가면 알바를 활용하면 고객 문의나 민원까지 처리되어 사업자는 관리에 집중할 수 있다.

✔ 인력을 '파트너'로 존중할 필요가 있다. 나의 사업을 도와주시는 소중한 사람들이기 때문이다. 따라서 때마다 선물, 감사 표현을 할 필요가 있다.

✔ 알바 고용으로 여유 시간을 확보하면 다른 사업 구상에 몰입할 수 있다. 이는 공간임대업을 넘어 더 큰 규모로 성장하기 위한 기반이 된다.

임대 사업에 다소 불리한 유리 멘탈 강화법

특정한 사업을 선택할 때는 자신의 성격이나 스타일과의 궁합도 염두에 두어야 한다. 돈 버는 일치고 쉽게 할 수 있는 일은 없지만, 무조건 자신을 일에 맞출 수도 없다. 그러면 재미있지도 않고, 보람도 느낄 수 없어서 노력을 덜하게 되고 결국 수익도 떨어지기 때문이다. 공간임대사업은 그 자체의 몇 가지 특징 때문에 다른 업종에 비해 일이 다소 편하기도 하지만, 또 반대로 어려운 점도 있다.

문제는 이러한 어려운 점을 견디지 못하는 특정한 성격이나 유형이 있을 수 있다는 점이다. 흔히 말하는 '유리 멘탈'을 가진 분들이 그렇다. 작은 일에도 쉽게 상처를 받거나, 또 그 일을 오래 기억하는 사람, 냉정하게 대처하지 못하기 때문에 상황을 더 꼬이게 만들어 피해를 스스로 키우는 사람도 여기에 해당한다. 그러다 보면 많은 문제를 '자신의 탓'으로 돌려 자존감이 낮아지기도 한다. 이런 분들이라면 공간임대사업을 하는 데 다소간의 어려움을 겪을 수도 있다.

하지만 이 사업을 위해 대단히 강한 멘탈이 필요하지는 않다. 상황에 맞는 대처 방법만 잘 알고 있다면, 설사 유리 멘탈을 가진 분들이라도 얼마든지 훌륭하게 일을 해나갈 수 있다.

강한 멘탈을 만들어준 은행원 생활

나의 첫 직장이자 가장 오랫동안 다닌 회사는 바로 은행이었고, 은행에서도 고객을 직접적으로 대면하는 업무를 했다. 지금 되돌아 생각해 보면, 당시의 경험들이 지금의 임대업을 하는 데 적지 않은 도움이 되었다고 본다.

은행에서 일할 때 처음에는 개인 고객을 도와드렸고, 이후에는 기업 고객들을 응대했다. 일단 나는 매우 다양한 사람들을 만나보았다. 그들과 대화를 하다 보면 말투, 제스처, 표정, 성격을 알게 된다. 그러다 보니 사람의 스타일에 대해 본의 아니게 연구하게 되기도 한다. 특히 돈을 다루는 은행이라는 공간에서 고객들은 매우 예민하고 까탈스러워지기도 한다. 자신의 소중한 재산을 다루는 곳이기 때문에 누군들 그렇지 않겠는가? 그러다 보니 나는 자연스럽게 '정성을 다해 응대하지만, 지나치게 신경 쓰지 않는 스타일'이 되었다고 볼 수 있다. 불평불만을 말하더라도 앞에서는 정성껏 문제 해결 방법을 찾아주기는 하지만, 그렇다고 그것이 나에 대한 공격은 아니기 때문에 굳이 마음에 담아둘 이유는 없다.

또 워낙 다양한 스타일의 사람들을 많이 만나니까 흔히 말하는 '그러려니' 하는 태도도 생겼다. 세상에는 참으로 다양한 종류의 사람들이 있다는 사실을 인정하고, 도저히 내 생각으로는 이해가 가지 않더라도 '뭐, 그럴 수 있지'라고 여기는 것이다. 그러니 내가 응대해야 할 상대방을 있는 그대로 존중하지만, 그들의 성격이나 스타일을 심각하게 받아들이지는 않는다.

반면 최대한 할 수 있는 것은 하려고 하지만, 안 되는 것은 어쩔 수 없이 단호하게 거절할 필요가 있다. 예를 들어 은행을 찾는 회사 사장님들은 대부분 대출 때문에 방문하는 고객들이다. 그들의 안타까운 심정과 간절한 마음을 이해하기는 하지만, 최종적으로 대출 조건이 맞지 않으면 거절할 수밖에 없다. 안 되는 건 안 되는 것이기 때문이다.

은행원으로 일하면서 생긴 또 하나의 습관은 사람들의 이야기를 들으면서 그들의 상황을 이해하고, 어떻게 문제를 풀어줄지를 집중적으로 생각하는 것이다. 사실 일반적인 상품이나 서비스를 판매하는 일에서는 고객들의 사연을 들어줄 일은 별로 없다. 식당에서 음식을 시키면서 고객이 자신의 사연을 말하지는 않는다.

하지만 은행은 좀 다르다. 은행원들이 친절한 모습을 보이니 편안하다고 생각하시는지 온갖 사연을 말씀하신다. 그러다 보면 자식 이야기, 배우자 이야기, 회사 사정 이야기, 심지어 정부에 대한 불만 이야기까지 나오곤 한다. 나와는 전혀 다른 상황에 처한 사람들의 온갖 사연은 때로 안타깝기도 하고 흥미롭기도 하다. 하지만 중요한 점은 그러한 이야기 사이에서도 그들이 최종적으로 원하는 것은 무엇인지, 어떻게 해야 내가 제공하는 은행 서비스에 그들이 고개를 끄덕이며 만족할 수 있을지를 생각하게 된다는 것이다. 내가 직장생활을 하면서 겪은 이러한 일들은 공간임대사업에 매우 최적화된 경험이라고 볼 수 있다.

최선은 다하지만
다소 거리를 두는 연습

내가 심리상담가는 아니기 때문에 유리 멘탈인 분들의 마음을 근본적으로 바꿀 수 있는 조언을 하기는 힘들다. 하지만 은행원 생활을 통해서 멘탈과 관련된 경험이 공간임대사업에도 충분히 도움이 되었던 만큼, 핵심적인 몇 가지 조언은 할 수 있을 것 같다.

일단 자신의 감정보다는 ‘문제 해결’에 집중하라는 점이다. 사실 따지고 보면 공간임대사업이 아닌, 그 어떤 사업을 해도 고객과의 문제에 직면할 수 있다. 그런 점에서 문제가 생기느냐 생기지 않느냐가 중요한 것이 아니라, 그 문제를 해결하느냐 하지 않느냐만이 중요할 뿐이다. 내가 미처 챙기지 못한 일이 있어서 문제가 발생했다면 죄송하다고 말한 뒤 해결해주면 그만이다. 여기에서 굳이 ‘내가 왜 그랬을까’와 같은 자책과 연결시킬 필요는 전혀 없다.

나 역시 소모품이 다 떨어졌을 때 미처 챙기지 못한 적도 있었다. 그럴 때는 “미처 챙기지 못해 죄송하며, 빠르게 쿠팡 로켓배송으로 보내드리겠다.”고 말하면 된다. 이 정도로 이해해주지 않는 게스트는 단 한 명도 없었다. 그것이 임기응변이 되었든 순발력이 되었든, 게스트의 문제를 해결해주면 상황은 종결된다. 그리고 이런 일을 한두 번 겪다 보면 자연스럽게 자주 발생하는 문제의 유형이 있다는 사실을 알게 되고, 사전에 대처해두면 다음부터는 거의 문제가 발생하지 않는 수준에까지 이를 수 있다.

다소 특별하거나 이상하게 생각되는 게스트의 성향이 있다고 하더라도 ‘세상에는 별의별 사람이 다 있다’는 사실을 받아들이고, 감정적인 여운이나 찌꺼기는 가볍게 버리는 자세도 필요하다. 자신이 최선을 다해 공간을 꾸미고 시스템을 만들어 놓았다면, 그때부터 문제가 발생하더라도 그것은 나의 잘못이 아니라는 '적당히 거리를 두는 연습'도 해야 한다.

무책임해지라는 이야기가 아니라, 게스트의 사소한 모든 스타일의 문제까지 내가 고민할 필요는 없다는 뜻이다. 공간임대사업은 현장에서 거칠게 경쟁하면서 영업하고, 그 결과로 게스트를 유치하는 일이 아니다. 어차피 최종적인 선택은 게스트가 하는 것일 뿐이며, 사업자는 그 선택을 최대한 도와주는 입장일 뿐이다. 그저 할 수 있는 능력 안에서 최선을 다했다면, 지나친 불안이나 두려움으로 감정적인 소모를 할 필요는 없다.

불안감과 지나친 감정 소비

때로는 지나치게 강한 의욕을 가지고, 그로 인한 반작용으로 불안감을 느끼는 사람도 있다. 교육생 중에 매우 큰 의욕을 가지고 3개의 임대 공간을 한꺼번에 계약한 분이 있었다. 처음에는 하나만 하면서 경험을 늘려가라고 조언했지만, 크게 귀담아듣지는 않았다. 다소 걱정이 되긴 했지만, 본인이 하겠다는데 말릴 수도 없는 노릇이었다. 그렇게 해서 가장 먼저 준비가 끝난 한 곳에서 직접 고객을 응대하면서 실전에 뛰었다. 그런데 그분의 입장에서는 생각보다 어려웠던 모양이었다. 조금 시간이 흐른 뒤에 나머지 2개의 계약금을 포기하면서까지 일을 그만두고 말았다.

　나중에 사연을 들어보니 말 그대로 '유리 멘탈'인 분이었다. 일단 그분은 불안감 자체가 매우 강했다. 아직 생기지도 않은 일인데, '이런 일이 생기면 어쩌지?' '저런 일이 생기면 내가 제대로 대처할 수 있을까?' 하고 고민하는 스타일이었다. 그러니 막상 사소한 일이 생기면 자신의 부정적인 예견에 사로잡혀 문제를 제대로 해결하지 못했고, 의기소침해졌다. 그런데 이렇게 의기소침해지면 평소에는 별문제 없이 해결할 일도 꼬이는 경우가 많다. 그러면 악순환이 생기게 되고 점점 마음이 쪼그라든다.

　이렇게 불안감이 많은 사람이 있는가 하면, 감정적인 소모가 많은 사람도 있다. 마음에 들지 않거나 부정적인 일이 생기면 쉽게 털어버리는 사람이 있는 반면에, 그렇지 못한 사람들도 있다. 이런 분들은 계속해서 그 안 좋은 일을 가슴에 두고 반복적으로 생각하고 신경을 쓰게 된다. 이렇게 하면 평소보다 에너지가 훨씬 많이 소요되는 것은 물론이고, 더 지치고 스트레스를 많이 받게 된다. 주변에서 아무리 한 귀로 듣고 한 귀로 흘려버리라고 조언을해도 그게 잘 안되는 스타일이다.

　임대 사업을 위해 성격까지 개조할 필요는 없을 것이다. 하지만 스스로 유리 멘탈이라고 생각된다면, 임대 사업을 통해 고객을 만나면서 조금씩 바꿔나가는 일도 필요하다고 본다. 다른 일에 비하면 고객으로부터 받는 스트레스의 강도가 상대적으로 약하기 때문에 충분히 감당할 수 있기 때문이다. 그리고 이러한 과정을 반복적으로 하다 보면 '강철 멘탈'까지는 아니더라도 성격상의 약점을 보완할 수 있을 것이다.

✔ 사업을 선택할 때는 자신의 성격과 스타일을 반드시 고려해야 한다. 특히 공간임대사업은 비교적 편한 부분도 있지만, 감정에 예민한 '유리 멘탈' 성향의 사람에게는 스트레스가 많을 수 있다.

✔ 은행원으로 다양한 고객을 응대하며 형성된 멘탈의 핵심은 '정성을 다하되 지나치게 신경 쓰지 않는 대도'이다. 고객의 불민을 자신에 대한 공격으로 받아들이지 않고, 상황을 있는 그대로 인정하며 냉정하게 판단하는 습관이 도움이 된다.

✔ 공간임대사업에서는 감정보다 문제 해결에 집중하고, 불필요한 자책을 버리는 것이 중요하다. 최선을 다했다면 이후에는 '거리를 두는 연습'을 통해 감정 소모를 줄이고, 게스트의 모든 문제를 자신의 책임으로 받아들이지 않아야 한다.

내 성격이 이렇다면?
공간임대업이 딱 맞는 사람

유리 멘탈이 공간임대사업에 불리한 성격이라면, 정반대로 아주 잘 맞는 성격도 있다. 소통이나 공감 능력이 뛰어난 사람이라거나, 공간을 꾸미길 좋아하고 트렌드를 잘 따라가는 사람, 혹은 사소한 디테일에 강한 사람 등이다. 또 문제 해결을 좋아하고 사람을 유연하게 대하는 성격을 가진 사람도 꽤 잘 맞을 수 있다. 경제적으로는 가성비를 따지는 사람도 매우 적합하다. 내 경험으로 보자면, 나이대로는 40, 50, 60대가 이 일을 더 잘 해내고, 성별로는 여성이 조금 더 잘 맞는 것 같다. 물론 20~30대나 남성이 서툴 수밖에 없다는 이야기는 전혀 아니다. 그저 상대적으로 조금 더 유리할 수 있다는 이야기일 뿐이다.

가성비 따지기 좋아하는 성격

공간임대사업을 하는 연령대 중에 20~30대도 많지만, 다른 연령대에 비하면 상대적으로 적다고 볼 수 있다. 개인적으로 추측해보건대, 그 나이대의 젊은 사람들은 보통 직장에서 커리어를 쌓으려 하기 때문인 것으로 보인다. 다만 40대부터는 직장에 다니는 사람들도 N잡을 위해 공간임대업을 시작하고, 이후 일찍 퇴사하거나 은퇴한 후 본격적으로 뛰어드는 경우가 많다.

우선 경제적인 면에서 가성비를 잘 따지는 사람이라면 매우 적합하다고 본다. 최근에는 나 역시 파티룸으로 진출하려고 하지만, 사업 초창기에는 파티룸을 완전히 배제했었다. 그 이유는 가성비가 떨어지기 때문이다. 파티룸을 꾸며서 임대를 하면 건당 수익은 높을 수 있지만, 투자 비용이 상당하다. 공간임대처럼 한 물건당 200~300만 원으로는 턱도 없는 수준이다.

일단 상권이 매우 좋아야 하는 것은 물론, 최소 20평 정도는 되어야 하고 가구, 소품, 인테리어, 조명, 음향, 방음 등의 공사까지 모두 하려면 1,000만 원을 훌쩍 넘는 비용이 들어간다. 또 별도의 마케팅 비용도 적지 않게 들어가기 때문에 일반 공간임대업에 비하면 가성비가 현저히 떨어진다고 생각된다. 또한 보증금도 매우 높기 때문에, 그 돈이라면 차라리 에어비앤비나 삼삼엠투의 물건을 더 늘리는 편을 선호했다. 따라서 지나치게 돈을 투자하지 않고 사업을 하고 싶은 '가성비형 성격'이라면 제격이다.

또 성격적으로 봤을 때는 '꼼꼼하고 청결한 성격의 소유자'가 매우 잘 맞는다고 생각한다. 물론 청소 자체는 청소 이모님들을 통하기 때문에 사업자가 직접 오가며 청소할 일은 거의 없다. 하지만 청소에도 나름의 실력과 안목이 있다면, 청소 이모님들에게 꼼꼼하게 요구할 수 있고 그만큼 게스트의 만족도도 높일 수 있다. 또 공간 꾸미기를 좋아하면 꾸준하게 수익을 올릴 수 있는 에어비앤비를 잘 관리해 나갈 수 있다. 물론 공간 트렌드라는 것이 몇 개월 단위로 획획 바뀌지는 않는다. 하지만 시간이 흐를수록 세련되고 멋진 공간을 찾는 사람들이 점점 더 많아진다는 점에서 분명 공간 꾸미기를 좋아하는 사람은 다소 유리한 입장에 있다고 볼 수 있다.

다만 이런 경우 인테리어에 지나치게 돈을 많이 쓰지 않는 적절한 절제가 필요하다. 꼭 공간임대업이 아니더라도, 자신이 사는 공간을 꾸밀 때도 이런 일은 흔히 발생한다. 좀 더 예쁘게, 좀 더 편리하게 만들고 싶다는 욕심이 자신도 모르게 생겨 정해진 예산을 초과하는 경우다. 내가 "왜 그렇게 비용을 많이 쓰셨냐?"고 물어보면 대부분 "하다 보니 욕심이 생겨서…"라고 대답한다. 하지만 그럴 때마다 나는 "임대 공간은 자아실현을 하는 곳이 아닙니다. 내가 쓰는 모든 돈이 다 비용이고, 손익분기점에 영향을 미친다고 생각하셔야 합니다.”라고 말한다. 좀 더 예쁘고 멋지게 꾸미고 싶다는 마음은 충분히 이해가 가지만, ‘자아실현’이 아닌 ‘사업’의 입장에서 접근하는 태도를 가질 필요가 있다.

소통과 공감 능력이 좋으면 금상첨화

소통과 공감 능력이 뛰어나다면 최적화된 성격이라고 할 수 있다. 앞에서 살펴보았듯이, 고객과는 언제든 문제가 생길 수 있기 때문에 그때그때 잘 해결하면 좋은 후기와 높은 평점을 받을 수 있고, 그럴 때마다 사업자는 일에 보람을 느끼며 더 신나게 일할 수 있기 때문이다.

특히 사람을 잘 대하고 유연한 사람, 타인과 말하기를 좋아하는 사람이라면 금상첨화다. 많이 경험해 보았겠지만, 주변을 보면 유독 말을 친근하게 잘하거나 낯선 사람에게노 전혀 신상하시 않고 내하는 사람들이 있다. 타고난 능력이기도 하므로 그런 사람을 볼 때마다 다소 부럽기도 하다. 이런 사업자라면 게스트와의 소통이 찰떡궁합을 이룰 수 있기 때문에 게스트도 친근함을 느끼며 비교적 장기간 체류를 선택하기 쉽다.

꼭 공간임대가 아니더라도 월세나 전세를 들어갈 때 집주인의 성격을 보는 사람들이 종종 있다. 너무 까탈스럽게 느껴지면 집은 마음에 들어도 왠지 불편한 경우가 있다. 하지만 집주인이 허심탄회하게 말하거나 편하게 대해주면 자신도 모르게 집까지 친근하게 느껴진다. 공간임대사업에서도 마찬가지다. 게스트가 사업자를 친근하게 느끼면 본인도 마음이 편해지고, 필요한 부분을 그때그때 해결해 주면 장기 체류를 할 가능성도 높아진다. 또 이런 사람들은 청소 이모님들과의 관계도 잘 유지한다.

✔ 공간임대사업은 소통과 공감 능력이 뛰어나거나, 공간 꾸미기를 좋아하고 디테일에 강한 성격과 잘 맞는다. 특히 문제 해결을 즐기고 유연하게 사람을 대하며 가성비를 중시하는 성향이 적합하다.

✔ 40~60대 연령층과 여성에게 상대적으로 유리한 사업으로, 꼼꼼하고 청결을 중요시하는 사람이 장기적으로 안정적인 운영을 할 수 있디. 디만 인테리이 비용에 대힌 절제력은 반드시 필요하다.

✔ 소통 능력이 좋은 사람은 고객과 신뢰 관계를 잘 형성하여 후기와 평점을 높일 수 있다. 또한 청소 이모님 등 협력자와의 관계도 원만하게 유지해 더 효율적이고 즐겁게 사업을 이어갈 수 있다.

좋은 에어비앤비 후기를 유도하는 몇 가지 노하우

후기의 중요성이 점점 강조되다 보니, 해외에서는 이와 관련된 구체적인 연구까지 진행되고 있다. 또 국내에서도 후기나 이용자의 속성에 대한 학술적인 연구 논문까지 나오곤 한다. 이는 게스트의 선택에서 후기가 매우 직접적인 영향을 미친다는 의미일 것이다. 어떤 면에서 보자면, 후기는 일종의 '자산' 역할을 하기도 한다. 후기가 좋은 곳에 더 많은 사람이 몰린다는 점에서, 그리고 후기가 좋으면 게스트는 더 많은 돈을 지불할 의향도 가지고 있기 때문이다.

여행 플랫폼 기업인 익스피디아 그룹Expedia Group에서는 매년 소비자 보고서를 연구해 조사하는데, 40세 이상의 약 80%가 "리뷰가 좋은 숙소에 더 많은 금액을 지불할 의향이 있다."고 답했다고 한다. 이는 후기가 얼마나 큰 영향을 미치는지, 그리고 수익에도 도움이 되는지를 잘 보여주고 있다.

반면 후기가 적거나 평점이 낮은 경우에는 폐업 가능성이 매우 높다고 한다. 하지만 이 후기 관리는 단지 정성을 들인다고 해서 해결되는 일은 아니다. 지나치게 악의적인 후기에 대해서는 단호한 조치를 할 필요도 있고, 때로는 플랫폼 담당자와 상의해 삭제할 필요도 있기 때문이다.

감성을 움직여야
좋은 후기가 나온다

우선 후기에 관해 가장 먼저 알아야 할 점은 이 후기가 '감성'과 매우 관련이 깊다는 점이다. 실제 연구에 의하면, 사람들은 이미 게스트로 거쳐 갔던 사람들이 얼마나 감성 넘치는 후기를 남겼느냐에 크게 반응한다고 한다. 예를 들어 "소음이 별로 없어요." "깔끔한 인테리어입니다."와 같은 단순히 객관적인 사실보다는 "이곳에 있으면서 정말 좋은 경험을 했습니다. 매일 아침이 즐거웠습니다."라거나 혹은 "집주인이 많은 배려를 해주서서 도움이 되었습니다."와 같은 후기에 훨씬 끌린다는 이야기다.

또 하나 알아두어야 할 것은 후기가 숙박료가 저렴한 것과는 크게 관련이 없다는 점이다. 즉, 자신이 다소 저렴한 비용으로 지냈다고 좋은 후기를 남기지는 않는다는 점이다. 실제 비용은 이미 입주 전에 지불한 것이고, 후기는 퇴실할 때 그간 겪었던 경험에 대해 남기는 것이기 때문에 전혀 다른 차원의 문제라고 한다.

★★★★★ 오*지 | 2025년 07월

너무 잘 챙겨주셔서 감사해요! 덕분에 쾌적하게 잘 지내고 갑니당 ㅎㅎ

★★★★★ 정*호 | 2025년 07월

쾌적한 환경에서 편하게 잘 지내다가 갑니다~

★★★★★ 윤*희 | 2025년 07월

위치가 매우 좋습니다. 호스트가 즉시 대응해 주십니다.

실제 필자가 운영하는 숙박 공간에 게스트들이 남겼던 좋은 후기들

다만 호스트가 게스트의 감성을 긍정적으로 만들어주는 것에는 분명 한계가 있다. 대부분 얼굴을 한 번도 보지 않는 비대면으로 진행되기 때문이다. 하지만 그럼에도 실제 내가 사용했던 몇 가지 테크닉과 지인들이 사용하는 노하우는 있다.

일단 웰컴 드링크나 쿠키와 같은 것은 많은 분이 상식적으로 알고 있

다. 호텔에서도 많이 하는 서비스이기 때문에 에어비앤비 등에서도 얼마든지 활용해 첫인상을 좋게 만들 수 있다. 기존 게스트가 퇴실한 후 청소를 하고 세팅해 놓으면 된다.

때로는 외국인을 위해 신라면 등 한국 라면을 비치해 두는 경우도 있고, 캡슐 커피를 비치하는 경우도 있다. 이 정도면 외국인들도 상당히 반길 만한 일이기 때문에 그들에게 호스트의 정성과 배려를 한껏 느끼게 할 수 있다. 때로 장기 예약을 하는 경우라면 공항으로 직접 픽업을 나가시는 분도 있다. 이 정도면 가히 최고의 서비스가 아닐 수 없다. 다만 역시 시간과 돈이 드는 일이기 때문에 단기 게스트에게 하기는 다소 힘든 서비스이며, 비용을 많이 쓰는 장기 게스트에게 적합한 서비스다.

나의 경우는 이렇게 부가적인 서비스를 더하기보다는 기회가 있을 때 배려를 해주는 편이라고 할 수 있다. 예를 들어 외국인들이 왔을 때 가장 흔한 질문이 '근처 맛집을 소개해 달라'는 것이다. 하지만 우리 입장에서 봤을 때 그곳의 맛집을 알기는 상당히 힘들다. 치음 집주인과 계약을 할 때 가보는 것은 물론, 초기 세팅할 때 몇 번 방문하는 정도에 불과하기 때문에 그곳 사람들만이 아는 맛집을 꿰고 있기는 매우 어렵다. 하지만 외국인의 입장에서는 내가 한국인이고, 또한 숙박업을 하기 때문에 당연히 알고 있다고 생각한다. 따라서 이럴 때는 구글 지도에서 맛집 평점들을 찾아 이미지로 보내주곤 한다. 내가 직접 맛을 보지는 않았지만, 외국인들에게 좋은 평가를 받는다면 그들도 만족할 가능성이 크기 때문이다.

다만 여기에서 한 번 더 발전시키고 싶다면, 외국인 관광객을 대비해 계약 단계에서 부동산 사장에게 맛집을 물어보고 직접 경험해 본 후 권해준다면 더욱 생생한 정보를 줄 수 있을 것이고, 게스트도 만족할 것이라고 본다.

치킨 배달 원하는
외국인도 많아

때로는 음식 배달에 대한 문의가 오기도 한다. 한국 배달 앱이 잘 깔리지 않는데 어떻게 해야 하냐는 문의다. 하지만 설사 앱을 깐다고 하더라도 외국인이 실제 주문하기가 무척 어렵기 때문에 나는 무엇을 먹고 싶은지 물어보고, 내가 배달을 시킬 테니 현금이 있냐고 물어본다. 그러면 대부분의 외국인은 치킨과 맥주를 원한다. 가까운 인근의 치킨 사진 몇 장을 보내주고, 원하는 것을 선택하라고 해서 배달시켜주면 정말로 고마워한다. 이런 정도의 호의를 베풀었다면 나중에 "좋은 후기를 부탁한다."고 하면 정말로 긍정적인 후기를 작성해주는 경우가 많다.

또 게스트가 컵이나 그릇 등 비교적 저렴한 물품을 깨뜨렸을 때는 우선 손님이 다치지 않았는지를 문의한 뒤에 배상을 받지 않겠다고 말한 후, 긍정적인 댓글을 부탁하곤 한다. 비록 게스트의 잘못이지만, 호스트가 파손에 대해 배상을 받지 않겠다고 말하면 게스트는 호의적인 감정을 가질 수밖에 없다. 그러면 평소보다 더 정성스럽게 후기를 작성해주는 것이 인지상정이다. 또 게스트의 문의가 있을 때 빠르게 응대해주는 것은 기본적인 CS의 한 방법이기도 하지만, 동시에 호스트에 대한 이미지를 좋게 만들어 역시 후기 작성에 도움이 된다.

처음 영업을 시작할 때는 후기가 거의 없기 때문에 이때는 빠르게 후기를 달게 하는 방법이 필요하다. 게스트에게 일정한 할인 이벤트를 제공한 뒤에 후기 작성을 부탁할 수도 있고, 지인들에게 1~2박 정도를 하며 객관적이지만 조금은 호의적인 후기를 부탁할 수도 있다.

다만 특별한 문의도 없고 별다른 요구도 없었는데 후기가 매우 안 좋게 달리는 경우도 있을 수 있다. 대개는 플랫폼의 메시지를 통해 연락해 어떤 문제가 있었는지를 물어본 후에 내가 잘못한 일이라면 사과한 뒤 후기를 지워달라고 요청할 수도 있다. 하지만 별다른 반응이 없다면 빠르게 댓글을 달아 부정적인 영향력이 확산되는 것을 막아야 할 필요가 있다. 그 문제가 생긴 이유를 잘 설명하고, 그것이 보완되었음을 알리면 다른 게스트가 과도하게 걱정하는 일을 막을 수 있다.

그런데 정말로 악의적으로 후기를 다는 경우도 있을 수 있다. 상식적으로 도저히 이해할 수 없는 후기라면 플랫폼 담당자와 상의해 삭제하는 방법도 있다. 한국 에어비앤비에도 한국인 직원이 많기 때문에 소통이 전혀 어렵지 않다.

✔ 후기는 단순한 평가가 아니라 숙소의 '자산'으로 작용한다. 좋은 후기는 더 많은 예약과 높은 지불 의향을 유도하고, 평점이 낮거나 후기가 적으면 폐업 위험이 커진다.

✔ 게스트는 객관적 정보보나 '감정이 담긴 후기'에 더 반응한다. 웰킴 드링크, 간식, 라면·커피 제공 등 작은 배려가 긍정적인 감정을 만들어 좋은 후기로 이어진다.

✔ 빠른 응대와 배려는 신뢰를 높이고, 파손 상황에서 관용이나 음식 배달 도움 같은 세심한 대응이 후기를 개선할 수 있다. 악의적 후기에는 플랫폼 직원과 협의해 삭제하거나 설명 댓글로 대응할 수 있다.

PART 4

실제 사례를 통해 배우는 수익 창출의 길

——————— 성공으로 가는 지름길은 뭐니 뭐니 해도 실제 사례에서 배우는 것이다. 구체적인 입지, 보증금, 월세, 내부 공간 기획의 사례를 알면 앞으로 자신이 펼쳐 나갈 사업이 어떻게 진행될지 보다 구체적으로 시뮬레이션해 볼 수 있게 된다. 여기에 기록한 임대 및 숙박 사례들은 지난 수년간 내가 직접 해 봤고, 지금도 여전히 잘 운영되는 곳들이다. 또 일부는 권리금을 받고 양도한 물건도 있다. 각각의 사례를 살펴보면 입지에 따른 장단점을 알 수 있을 것이고, 자신이 어떻게 이 사례를 통해 더욱 실용적이고 수익성 높은 사업을 해 나갈 수 있을지를 알게 될 것이다.

외국인이 몰리는 압구정 로데오 거리 구옥 에어비앤비

에어비앤비의 가장 큰 타깃은 외국인 관광객이기 때문에 일단 외국인이 많은 지역의 매물을 얻는 것이 가장 중요하다. 이런 지역이라면 많은 사람이 '홍대 인근'을 떠올리겠지만, 현장 조사를 해 보면 압구정 로데오 거리나 신사동 쪽으로 오는 외국인들이 훨씬 더 많다는 사실을 알 수 있다. 특히 로데오 인근은 외국인 모델 에이전시나 엔터테인먼트 회사, 그리고 메이크업 회사 등이 상당히 많이 포진해 있어서, 이러한 곳을 찾는 외국인들을 1차적인 타깃으로 정했다.

압구정역에서 도보로 10분 내외인 로데오거리 지역은 월세가 다소 비쌀 수 있기 때문에 그중에서 최대한 월세가 적은 곳을 찾아야 했고, 그렇게 해서 구옥을 선택하게 됐다. 내부 시설은 현관 앞의 부엌과 화장실, 그리고 작은 테라스가 있는 투룸이었다. 침대를 총 3개 설치해 5~6명 정도가 묵을 수 있도록 만들었다. 가장 중요한 투자금은 보증금 2천만 원, 월세는 110만 원이었다. 인근 시세인 월 150~200만 원에 비하면 매우 저렴한 편에 속한다.

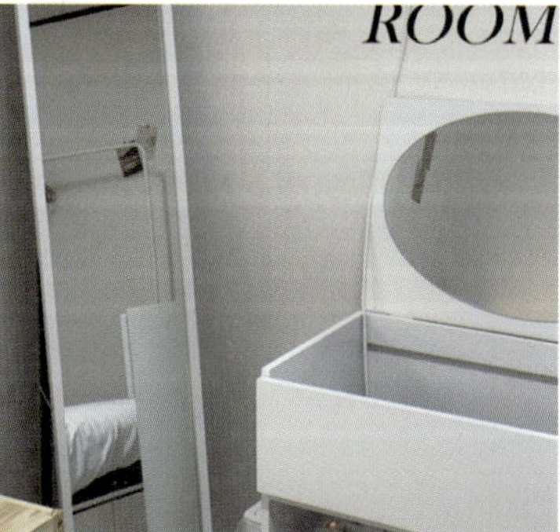

작은 룸 1에 퀸사이즈 1개, 룸 2에도 퀸사이즈 2개를 설치해 전체적으로 6명이 숙박을 할 수 있도록 했다. 구옥의 경우에는 빌트인 세탁기나 냉장고가 없고, 일반 냉장고와 통돌이 세탁기가 설치되어 있다. 다만 천편일률적인 오피스텔의 구조가 아니다 보니 오히려 이런 구옥의 내부 구조가 다소 새롭게 보일 수 있다. 예를 들어 화장실의 경우, 최근에 지은 오피스텔은 넓다는 느낌이 들지 않지만, 구옥의 화장실은 누가 보더라도 다소 넓다는 느낌이 든다.

다소 까다로운 강남 임대인들

다만 로데오거리와 같이 입지가 좋으면 공간 기획이나 인테리어에 비용을 조금 덜 써도 된다는 장점이 있다. 사람들이 많이 찾는 지역이고 이동성이 매우 편리하기 때문에 가성비 있는 물건만 구비해도 충분하다. 실제로 이 정도 크기의 공간이면 총 250만 원 이상이 들지만, 이 집의 경우 200만 원 정도로 충분했다.

한 가지 염두에 두어야 할 점은 이렇게 좋은 지역에서 월세가 저렴한 곳을 얻기 위해서는 평소 부동산 사장님들과의 관계가 좋을 필요가 있다는 점이다. 이곳 로데오 매물의 경우에도 부동산 사장님이 먼저 연락을 해 왔고, 계약을 하게 됐다.

그런데 이렇게 압구정 로데오거리와 같은 곳에서는 집주인들의 콧대가 다소 높다는 점을 미리 알아둘 필요가 있다. 일단 이 정도 지역에 집을 소유하고 있을 정도면 다른 지역에도 여러 채의 집을 소유할 가능성이 매우 높고, 그러다 보니 굳이 임차인이 원하는 조건까지 들어주면서 계약을 하려고 하지 않는다는 점이다.

나 역시 2천만 원의 보증금을 1천만 원 정도로 낮출까 싶어서 협상을 해 봤지만 불가능했다. 따라서 '강남 지역에서 에어비앤비 물건 확보를 하는 데 있어서 보증금 조정은 상당히 어렵다'는 것을 알아두면 좋을 듯하다. 다만 경험상 강남 지역의 집주인들이 다소 까다로울 뿐이지, 그렇지 않은 지역에서는 얼마든지 가능하다는 점도 함께 알아둘 필요가 있다. 이곳에서 얻을 수 있었던 월세를 제외한 순수익은 월 150만~200만 원 선이었다.

- **지역 및 입지:** 압구정역 도보 10분 이내인 압구정 로데오거리 인근, 외국인 모델, 엔터테인먼트, 메이크업 회사 등이 많아 외국인 유동 인구가 높음.

- **물건 상태:** 구옥 투룸 구조, 작은 테라스 포함, 빌트인 가전 없음. 일반 냉장고, 통돌이 세탁기 설치, 화장실과 내부 공간은 비교적 넓은 편.

- **장점:** 입지가 우수해서 외국인 수요 높음, 인테리어 비용이 적게 듦, 주변 시세보다 저렴한 월세

- **단점:** 구옥이라 시설이 낡음, 강남 지역 집주인들과 협상 어려움. 저렴한 매물을 구하려면 부동산 관계 유지 및 발품 필요.

- **순수익:** 월세 제외 순수익 약 150~200만 원 수준.

※ 에어비앤비는 숙박업이기 때문에 침구류, 티슈, 샴푸린스 등의 위생용품은 항상 비치해 두어야 한다.

인근 시세 대비 월세 절반, 신대방역 반지하 미스터멘션

우리나라에서 반지하 공간은 그다지 좋은 이미지가 아니다. 그래서 공간임대업의 물건으로는 적당하지 않다고 생각하고, 아예 배제하는 경우가 대부분이다. 하지만 입지에 따라서는 매우 좋은 수익을 내는 곳으로 탈바꿈할 수도 있다.

가장 대표적인 지역 중 하나가 바로 신대방역 반지하 미스터멘션 실증 특례 물건이었다. 내가 그곳의 반지하 물건을 계약하게 된 것은 월세가 놀랍도록 낮다는 점과 이 지역에 그룹 단위로 숙소를 찾는 외국인의 수요가 꽤 많다는 사실을 알게 됐기 때문이다.

일반적으로 외국인은 홍대, 명동, 강남 지역에 숙소를 잡을 것이라고 생각하고, 신대방을 떠올리기 쉽지 않다. 하지만 외국인 관광객 중에서도 주요 핵심 지역의 비싼 숙소보다는 차라리 그 길목에 있는 곳에 자리를 잡고 여러 곳으로 이동하려는 경우가 많다.

그런 점에서 신대방역은 서울 강남으로도 지하철로 20분 정도면 갈 수 있고, 홍대 쪽으로도 마찬가지로 20분 정도밖에 걸리지 않는다. 결국 비용은 저렴하면서 가고 싶은 곳에 모두 갈 수 있다는 장점이 있다.

단체 외국 여행객이 많은 이유

외국인 관광객들은 의외로 단체가 많다. 한국인들이야 가족 여행이 아니라면 많아야 2~3명 정도가 여행을 가고, 혼자 떠나는 여행도 매우 흔하다. 하지만 외국인들은 좀 다르다. 특히 서구권에서 한국으로 오기 위해서는 무려 15시간 내외의 비행을 해야만 한다. 한마디로 자주 올 수 있는 곳이 아니라는 이야기다. 따라서 한 번 올 때 가족, 친구, 친지까지 모두 함께 대형 이벤트처럼 오곤 한다. 그래서 숙소 역시 이런 대규모 인원을 수용할 수 있는 곳이라면 그들을 게스트로 맞이할 수 있다.

이곳이 반지하임에도 선택할 수밖에 없었던 이유는 최대 6~7명까지 수용할 수 있기 때문이다. 2인 침대 2개가 하나의 룸에 들어갔고, 별도의 룸에 또 2인 침대가 있다. 특히 4인 이상이 숙박할 때는 추가 요금을 받을 수 있다는 점도 중요하다. 이곳은 계약을 하지 않을 수 없을 정도로 월세가 저렴했다. 보증금 500만 원에 월세 45만 원이다. 같은 지역의 다른 곳 평균 임대료가 90만 원이라는 점에서는 절반 수준에 불과하다. 한마디로 '돈을 벌지 않을 수 없는 구조'라는 이야기다. 실제 이곳에서는 매달 순수익이 150만 원에서 200만 원까지 발생했다.

또 말이 반지하일 뿐 완전한 반지하는 아니다. 느낌상 반지하이기는 하지만, 창문을 열면 바로 눈높이가 땅과 일치하지 않고 조금 높게 설정되어 있기 때문이다. 하지만 공간이 어느 정도는 지하로 내려가 있다는 점은 게스트 민원의 원인이 되곤 했다. 여름이 되면 벌레나 날파리들이 생겼고, 가끔 하수구 냄새가 올라오곤 했다. 물론 전문가를 동원해 최대한 해결하려고는 했지만, 역시 구조상 근본적인 개선은 힘들었다. 민원 응대에서 약간의 어려움은 있었지만, 투자 대비 순수익의 가성비라는 점에서는 월세가 저렴한 반지하가 매우 좋은 선택이었던 것은 틀림없다.

INFOMATION

- **지역 및 입지:** 신대방역 인근, 강남-홍대의 길목에 있는 입지

- **물건 상태:** 구옥이지만 내부 시설은 비교적 깔끔하게 유지되어 있던 편

- **장점:** 월세가 인근 시세의 절반인 45만 원에 불과. 그룹 단위의 외국인 유치로 4인 이상 추가 요금 발생 가능.

- **단점:** 하수구 냄새와 벌레, 날파리로 인한 민원.

- **순수익:** 월 150만 원~200만 원.

꾸준한 수익을 올렸던 삼성역 인근 오피스텔 삼삼엠투

지하철 삼성역 인근은 서울에서도 1급 상권으로 손꼽히는 곳이다. 거대한 오피스가가 형성되어 있는 것은 물론이고 스타필드 코엑스몰을 비롯해 쇼핑, 외식, 문화 등 복합 인프라가 매우 우수하다. 따라서 직장인 수요가 꽤 많은 것은 물론이고 출장을 오는 외국 바이어, 그리고 외국인 관광객의 수요가 꽤 된다. 특히 한국 내에서도 최첨단 시설을 보고 싶어 하는 관광객들에게 인기가 많다. 특이한 점은 성형외과가 꽤 많기 때문에 한국에서 수술을 받고자 하는 외국인이 단기적으로 머물 곳을 찾기도 한다.

내가 임대했던 곳은 백화점 바로 옆에 위치해 있으면서 삼성역에서 도보로 5분밖에 걸리지 않는 꽤 좋은 입지에 있는 오피스텔이었다. 원래의 임대 조건은 1,000만 원에 90만 원이었지만, 최종적으로 500만 원에 90만 원으로 계약할 수 있었다. 보증금 500만 원 정도가 낮아지면 월

※ 사진에는 위생용품이 있지만 단기임대 사업은 위생용품 제공이 불가하다.

세가 5만 원 정도 올라가는 것이 일반적이지만, 이 집 주인은 크게 상관하지 않아서 별도로 월세가 올라가지 않았다. 크기는 9~10평 정도로 가장 흔히 볼 수 있는 '원룸의 정석'이라고 보면 된다.

다만 강남 쪽에는 공급이 원활하기 때문에 애초에 예상했던 것만큼 많은 수익은 남지 않았지만, 수요가 많은 만큼 월 60~70만 원 정도의 순수익은 꾸준히 남길 수 있었다. 장기 계약 손님이 들어오면 그 이상의 수익이 남는 경우도 많았다.

높은 별점과 후기로
꾸준한 수익

인테리어는 거의 대부분 흰색으로 깔끔한 톤을 유지했고, 특별히 신경 썼던 것은 침대 프레임이었다. 오피스텔의 경우 수납공간이 그리 많지 않지만, 내가 선택한 침대 프레임의 경우 수납장이 3개나 있어서 게스트에게도 편리함을 줄 수 있었다. 또 욕실에 있는 유리 부스를 매우 신경 쓴다. 부스가 있느냐 없느냐에 따라 사진도 많이 달라지고 게스트도 깔끔하게 느끼게 된다. 다행히 이 삼성역 물건에는 부스가 있어 메리트로 작용했다.

이 공간에 대한 후기는 매우 좋았다. 후기가 약 30여 개 정도가 있는데, 대부분 만점에 가까운 점수를 받았다. 그 이유는 단연 주변 인프라와 삼성역이 가깝다는 점 때문이다. 이렇게 별점도 높고 후기가 많기 때문에 삼성역 인근을 검색하면 내 물건이 가장 먼저 뜬다는 장점도 생기게 된다.

다만 강남 오피스텔 물건의 최대 단점은 주차에 있다고 할 수 있다. 강남 지역은 주차 공간이 매우 귀하기 때문에 임대 명의자 본인과 정확히 일치하는 차량만 주차가 가능하다. 따라서 게스트는 주차를 할 수가 없다.

다만 여기에는 일종의 편법이 가능하다. 게스트를 내 회사의 직원인 것처럼 재직증명서를 관리 사무소에 내면 된다. 따라서 만약 3개월 이상 거주하는 게스트라면 가능하지만, 3개월 이하의 게스트에게 재직증명서를 자주 남발할 수는 없는 노릇이다. 따라서 재직증명서로 주차가 가능하다면, 차라리 주차권을 당근 앱을 통해서 임대하는 것도 하나의 방법이다. 한 달에 20만 원 정도만 받아도 1년이면 240만 원이라는 적지 않은 금액이다.

또 삼성역과 같은 강남 쪽의 오피스텔을 임대할 때는 '강남 인근은 공급이 꾸준하다'는 점을 염두에 두어야 한다. 상권이 좋고 1인 가구의 수요가 많기 때문에 오피스텔과 원룸이 계속해서 공급된다는 점이다. 특히 공간임대 창업을 할 때 많은 사업자가 강남을 제일 먼저 떠올리기 때문에 경쟁자가 계속해서 생기고 파이를 나눠 먹게 된다. 그런 점에서 가격을 계속해서 낮춰야 하는 상황이 발생한다. 또한 강남 지역은 전대차 동의를 받기가 쉽지 않기 때문에 최근에는 강남 지역에서 공간임대사업은 다소 피하고 있다.

- **지역 및 입지:** 삼성역 도보 5분, 인근 백화점, 복합 문화 공간

- **물건 상태:** 안전한 신축은 아니지만, 충분히 깔끔하다고 느낄 수 있을 정도.

- **장점:** 직장인, 관광객, 출장 수요 많고, 인근 성형외과 환자 수요도 있음.

- **단점:** 대체로 주차 불가능.

- **순수익:** 평균 60~70만 원. 장기 손님 계약 시 더 많아질 수 있음.

1년 내내 공실이 없던 최적의 마포역 인근 원룸 삼삼엠투

이곳은 마포구에 있어 최적의 접근성을 갖추고 있는 공간이었기 때문에 한국인과 외국인 모두에게 수요가 매우 좋았다. 보증금 500만 원에 월세 70만 원 수준이며, 인근에 다양한 복합공간이 있어서 생활하기도 편리하다. 1년 내내 거의 하루도 공실이 없을 정도였고, 지금도 외국인이 장기 체류해서 순수익은 월 70만 원에 달한다. 외국인이 엔코스테이를 이용해서 예약할 경우 한 달 수익은 100만 원을 넘어설 때도 있었다.

다만 이 건물 자체는 상당히 노후화되었다. 외관상으로만 봤을 때는 도저히 공간임대를 하기 힘들 정도로 낡아 보였다. 다만 올 수리를 조건으로 임대계약을 체결했기 때문에 내부는 완전한 신축이라고 볼 수 있다. 건물의 복도나 엘리베이터 등도 모두 노후되었지만, 워낙 입지가 좋았기 때문에 예약이 계속 이어졌다.

이 임대공간을 통해 한 가지 배울 수 있는 것은 '소음이 많이 나는 영업장'을 피해야 한다는 점이다. 이곳 건물 3층에는 볼링장이 있어서, 4~6층까지는 낮부터 밤까지 소음이 상당히 심했다. 다행히 내 임대 공간은 고층이었기 때문에 소음에서 자유로울 수 있었다. 일부 중간에 상업시설이 있는 원룸 건물이 있기 때문에 계약 전에 소음 여부를 반드시 확인해야 한다.

이곳에서 장기 체류하고 있는 외국인을 인터뷰한 적이 있는데, 싱가포르 국적자로 인근의 한국어 어학원에서 한국어를 배우고 있었다. 한국어가 해외에서 인기를 얻고 있다는 점도 한국 장기 체류자를 늘리는 계기가 되고 있다.

- **지역 및 입지:** 마포역 5분 거리. 인근 복합공간 다양.

- **물건 상태:** 외관만 봐서는 단기 임대를 하기 힘들 정도의 노후화. 하지만 올 수리 조건으로 계약.

- **장점:** 최적의 접근성으로 한국인 외국인 수요 꾸준.

- **단점:** 건물과 엘리베이트 노후. 건물 중간의 볼링장으로 인근 층은 소음 문제 발생.

- **순수익:** 월 70만 원

인근 삼성병원으로 끊이지 않는 직장인 수요 강남 삼삼엠투

강남구 내의 원룸은 인근에 삼성병원이 있어서 직장인 수요가 끊이질 않았다. 보증금 1,000만 원, 월세 75만 원이었으며, 순수익은 60만 원 정도였다. 4개월 장기 손님이 임대하고 있을 때는 월 70만 원~100만 원 정도의 수익을 올릴 수 있다.

원룸을 임차할 때는 특별히 주의할 것이 있다. 바로 바닥난방 여부와 관리비이다. 내가 임차한 이 공간은 이미 바닥난방 공사를 완료한 상태여서 게스트를 받을 수 있었지만, 다른 곳은 아예 바닥난방이 처음부터 되어 있지 않았다. 또 업무용 전용 오피스텔이 많은 오피스텔일 경우에 관리비가 많이 나올 수 있다. 최소 40~50만 원이나 나오기 때문이다. 관리비가 이렇게 비싼 이유는 오피스텔 자체의 관리비가 높게 책정되어 있는 것은 물론이고, 수도 요금이 매우 비싸기 때문이다.

이곳에서 순수익이 60만 원인 이유 역시 예상했던 수도 요금보다 10만 원이 더 나왔기 때문이다. 내가 아는 어떤 합정역 인근 오피스텔의 관리비는 수도 요금을 포함해 무려 70만 원 정도가 나오는 곳도 있다. 따라서 오피스텔을 계약할 때는 반드시 바닥난방과 수도비를 포함한 관리비의 수준을 체크해 보아야 한다.

- **지역 및 입지:** 강남구라 최적의 입지. 인근에 삼성병원

- **물건 상태:** 오피스텔은 바닥난방이 되지 않은 곳 많음.

- **장점:** 인근에 직장인 많아 수요가 많음.

- **단점:** 비싼 관리비

- **순수익:** 단기 60만 원, 장기 70~100만 원

잠실로 출퇴근하는 직장인이 많은 천호역 삼삼엠투

건축한 지 7년 이내의 신축 원룸이라 건물 내외부가 상당히 깔끔하고, 옵션들도 잘 갖추어진 것은 물론 매우 깨끗한 상태였다. 보증금 500만 원, 월세 73만 원이었다. 월 순수익은 50~60만 원 수준이었다. 천호역에서 10분 이내에 있으며 주차도 매우 편리했다. 특히 잠실로 출퇴근하는 직장이 많고, 인근에 현대백화점과 홈쇼핑 회사가 있어서 직장인 수요도 많았다. 다만 천호는 서울 중심부의 수요보다는 다소 떨어지는 경향이 있었다.

2년간 잘 운영하다가 강남으로 넘어가기 위해 권리금을 받고 다른 공간임대업자에게 넘겼다.

- **지역 및 입지**: 천호역 인근

- **물건 상태**: 신축이라 깔끔하고 깨끗

- **장점**: 주변 현대백화점 및 잠실로 출퇴근하는 직장인 수요 다수

- **단점**: 서울 중심부보다는 다소 수요가 빠지는 경향

- **순수익**: 월 50~60만 원

직장인들이 많은 구로디지털단지역 원룸 삼삼엠투

구로디지털단지역 단지 인근으로 주변 직장인 수요가 많았고, 홍대나 강남 등 서울 중심가로 가려는 외국인 수요도 상당했다. 보증금 500만 원, 월세 70만 원에 순수익은 월 50~70만 원 정도 수준이었다. 창문 바로 앞에 나무 한 그루가 있어서 그 자체로 인테리어 효과가 있었고, 그 부분이 좋았다고 말한 게스트도 있었다. 이곳은 복층 구조인데, 여기에는 다소 호불호가 있다. 대체로 여성분은 복층을 좋아하지만, 남성이나 어르신들은 오르내리기가 귀찮아서 복층을 별로 좋아하지 않는다는 점이다.

- **지역 및 입지**: 구로디지털단지역 인근

- **불건 상태**: 나소 노후화

- **장점**: 직장인 많고 홍대, 강남을 오가는 외국인 수요

- **단점**: 사람에 따라서 복층에 대한 호불호

- **순수익**: 월 50~70만 원

단기 임대 사업으로 처음 운영했던 산본역 원룸 삼삼엠투

산본역에 가까운 이 원룸은 개인적으로 추억이 있는 곳이다. 단기 임대 사업을 처음 시작할 때 바로 이 임대공간으로 최초로 시작했기 때문이다. 당시 집이 과천이었기 때문에 조금 가까운 곳에서 해 보자는 생각에 시작했던 곳이다. 보증금 500만 원에 월세 60만 원이었으며, 월수익은 50~60만 원 수준이었다. 신축이었기 때문에 매우 깔끔한 상태를 유지했다.

이 지역은 평촌과 산본으로 출퇴근하는 직장인이 꽤 많았기 때문에 수요가 괜찮았다. 또 서울로 출퇴근하는 직장인도 있었는데, 이런 경우 이 지역은 베드타운과 같은 역할을 했다. 수요가 많아 공실률이 높지는 않았지만, 그럼에도 서울보다는 다소 수요가 떨어지는 경향이 있었다. 이곳에서의 단기 임대 운영에 자신감을 갖게 된 후, 권리금을 받고 넘긴 뒤 서울 중심부로 들어갈 수 있었다.

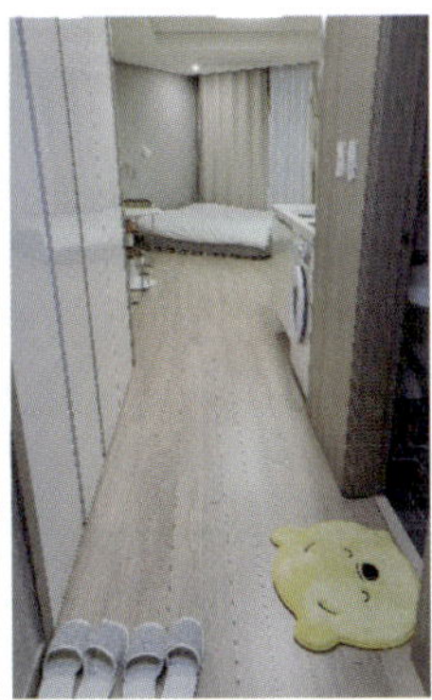

- **지역 및 입지:** 산본역 인근

- **물건 상태:** 신축이라 건물 내외부 깔끔

- **장점:** 서울, 산본, 평촌으로 출퇴근하는 직장인

- **단점:** 서울 중심부 보다는 다소 빠지는 수요

- **순수익:** 월수익 50~60만 원

직장인도 가능한 단기임대 실전 공식

단기임대로
월급 두 배 만들기

1판 1쇄 펴낸날 2026년 3월 25일

지은이 최준회

펴낸이 나성원
펴낸곳 나비의활주로

책임편집 박선주
디자인 BIG WAVE

전자우편 butterflyrun@naver.com
출판등록 제2010-000138호
상표등록 제40-1362154호
ISBN 979-11-24401-04-0 03320